虹の身体の成就者たち

ボン教のゾクチェン「体験の伝授」の系譜と教え

ヨンジン・テンジン・ナムタク・リンポチェ 著
キャロル・エルマコヴァ／ディミトリー・エルマコフ 口述筆記・編集
箱寺孝彦 訳

རྫོགས་ཆེན་ཉམས་རྒྱུད།

ナチュラルスピリット

Masters of the Zhang Zhung Nyengyud
by Yongdzin Lopön Tenzin Namdak, Carol Ermakova, Dmitry Ermakov

虹の身体の成就者たち

目次

凡例　訳注は［　］で表す。

ヨンジン・テンジン・ナムタク・リンポチェのご長寿を祈願します。
この類まれな系譜が途絶えることがありませんように！

序文

本書の序文をヨンジン・テンジン・ナムタク・リンポチェにお願いしたところ、その代わりに原典であるチベット語経典の一節を英語に翻訳してくれることになった。以下の文章は彼によるその抄訳である。

経典『シャンシュン・ニェンギュ』に基づいてゾクチェン〔ボン教とチベット仏教ニンマ派に伝承されている大いなる完成や大円満という意味の教えと瞑想〕の教えを説くときに、守らなければならないルールが存在する。そのうち特に重要なのは以下の四つだ。

第一のルールは、これは智慧（ちえ）を養う口伝（くでん）の教えだから、他のいかなる引用文も加えてはならない。その理由とは智慧を養うこの口伝は非の打ちどころがないから、他のどんな出典からの引用も付け加える必要がないからだ。必要なことはすべて資質を備えた成就者たちがすでに、くまなく説明や注釈をしてくれている。本然（ほんぜん）の境地〔究極的なリアリティーのことであり、ブッダの心の境地〕は清浄で、輝き、完璧な姿をしている。たとえば、もしも暗い室内に手提げランプを持ち込んだら、その室内の至るところが明るくなるはずだ。そうしたら他の光源など必要なくなる。

第二のルールは、誤りと錯誤を正すこの系譜や口伝と関係している。誤解は確かな認知により正される。だから、自分が考えた脚注やコメントを書き残してはならない。その理由とは、この教えを学んだり修行したりする者は誰でも、音声や書籍などに頼らず、正式な伝授を受けなければならないというものだ。智慧を授かるこの唯一相承［たった一人の師匠からたった一人の弟子にだけ教えを伝授すること］の教えは、選び抜かれた成就者の手から別の成就者の手へと伝承されてきた。どの成就者もその口伝の本当の意味を明らかにしている。だから、それ以上の覚書や注釈に頼る必要はない。それは次のように例えることができる。「ある人が花について説明してくれても、その話を聞いている人はその花の色や形を十分に理解することはできない。一方で、もしもその花の実物を自分の目で見ることができたら、それほど多くの説明は必要でなくなる」。それは、自分自身で直接知ることができるからだ。

第三のルールは、真髄の口伝は修行や体験を通してしか得られないということ。人間のありきたりな言葉やコメントは付け加えるべきでない。たとえば、シャンシュン語［のちほど触れるシャンシュン王国で話されていた言語］の説明にチベット語を使用してもさほど役に立たないだろう。チベット語の言葉では、シャンシュン語の言葉を明白に説明することはできないからだ。このルールを守るべき理由は、この教えは純粋な黄金に似てそれ以上精錬することが不可能だからだ。だから、普通の人がありきたりな言葉を使ってこの教えについてコメントしようとしても、そんなことはできない話だ。

第四のルールは、この教えを伝授された人、心の支えにしている人、実際に修行している人、何らかの結果を得た人でも教えに手を加えてはならないし、偏狭な宗派主義［政治力や財力を獲得するためや知識不足のため、ボン教や仏教の他宗派をそしる考え］の思想やさまざまな批判から影響を受けてはならない。このルールでは、教えに対する帰依や信心の姿勢が問われている。経典の記述と、ラマ［優れた学識と体験を持つ師匠］が伝授した内容や弟子への導き入れ［ゾクチェンの教えによりブッダの心そのものを体験的に伝授すること］

と、弟子自身の体験の三つが一致しなければならない。この三つが一致したら、もはや何も他に付け加える必要などないことがわかるだろう。こうして得られた帰依や信心は自分自身の体験に根差したものだから、あらゆる偏見から離れている。ちょうど「こっちは私の青空、そっちは彼の青空」と口で言ったところで、実際には青空を分割することなどできないように。

さらにゾクチェンの教えを説くラマはそれに相応(ふさわ)しい人物でなければならない。同時にその教えに耳を傾ける弟子も相応しい人物でなければならない。

正真正銘のラマが備えているべき資質とは、第一に、正統な系譜のもとでそのラマが教えを伝授してもらっていること。第二に、そのラマが正しい教えを弟子に伝授していること。そのラマがどのような系譜のもとで、どんな教えを伝授されてきたのか見極めることだ。何よりも重要なのは、本然の境地に関する教えが、もとのままの姿で正しくそのラマに伝授されていることである。本然の境地に関する知識には、余計なものが混入されていてもいけないし、誤りが含まれていてもいけない。

そのラマがどのようにして教えを伝授されてきたのかということに関して、二つの注意すべき要点がある。そのうちの一つはそれほど重要ではないが、もう一つの方は極めて重要である。第一に、そのラマは読経による伝授（ルン）を授かっていなければならない。これはそれほど重要なことではない。もっと重要なのは第二に、伝授を授かっただけでなくそれを正しく修行して、本然の境地に親しみ、そこに安定して留まることができるようになっていることだ。このことが本当に重要だ。

さらに、そのラマがこの類(たぐい)まれな系譜の教えを伝授されたプロセスに関して、三つの注意すべき要点がある。第一に、正統的な人物から伝授を受けていなければならないこと。第二に、真髄の教えの伝授と導き入れを授かっていなければならないこと。第三に、成就の印が得られるまで、その教えの修行を続けていなければならないこと。

もしも、そのラマが正しい流儀で伝授を受けずに以上の条件を満たしていない場合、そのラマ自身の修行もその弟子の修行も実を結ぶことはないだろう。それはありきたりの水をかき混ぜることに例えることができる。いくら額に汗をかいて水をかき混ぜたところで、ただの水からバターという結果は決して得られない。

また、もしもそのラマが善い心構えを持たずに修行をしていたり、まだ成就の印を得られていなかったりするならば、そのラマがどんなに教えを説いたとしても、その言葉はまるで膨らませた風船のようになるだろう。

このように伝授をしてくれる人物とその系譜は、どちらも極めて重要なのだ。だから、系譜の歴史を知りそれを守ることの重要性は、いくら語っても語りつくせない。

この引用文を英語に翻訳してくれたあと、ヨンジン・テンジン・ナムタク・リンポチェは次のような言葉を付け加えてくれた。

「ゾクチェンがわかりやすい教えだと思うことがあるかもしれないが、実際はそれほど簡単な教えではない。私たちボン教［チベットの古代宗教でチベット仏教に大きな影響を与えた］のラマたちはいつも、さまざまな方法で自分の穢（けが）れを浄化することが必要だと説いている。しかし、本書の中では本然の境地だけが説かれている。だから、わかりやすい教えに思えるかもしれないが、実際にその悟りに到達する道はとても険しい」

ヨンジン・テンジン・ナムタク・リンポチェ

２００９年７月31日

ボン教の暦によるところの地のエレメントと象の年の６月10日

フランスのブルーにあるボン教センターのシェンテン・ダルギェリンにて

まえがき

「永遠なるボン教は、トンパ・シェンラップが始めた教えだ。その教えは主に三つの道に分類できる。放棄の道、変化の道、自己解脱（じこげだつ）の道だ。これらすべての教えの中でも最も重要で最奥義である教えが経典『シャンシュン・ニェンギュ』で説かれている教えだ。経典『シャンシュン・ニェンギュ』はゾクチェンの教えで、シャンシュン王国由来の口伝といった意味だ。この教えはブッダから21世紀の今日まで伝授が途切れたことがなく、その系譜には崇高な悟りを得た成就者たちが連なり、彼らはその教えを口から口へと直接伝授した。つまり、この教えの系譜はたった一人のラマからたった一人の弟子にだけ伝授が許された唯一相承で、クンツ・サンポ（原初仏）から私たちの根本のラマである偉大で心優しいヨンジン・テンジン・ナムタク・リンポチェまで途切れたことがない。

経典『シャンシュン・ニェンギュ』に収録されている秘訣に関する教えの重要性は、いくら語っても語りつくせないほどだ。なぜならば、その教えの通りに修行することによって、今生（こんじょう）でブッダの境地に到達できるからだ。実際にシャルザ・タシ・ギャルツェン［1859～1935、東チベットで活躍したボン教のラマ］とその弟子たちや、本書で描かれている成就者たちを含む数多の偉大な修行者たちは、その生涯の間に虹の身体［ゾクチェン瞑想により心身が光に溶けていく現象。虹の身体にはさまざまなレベルのものがある］を成就することができた。

永遠なるボン教に伝承されているゾクチェンの教えは、優れた能力の弟子、普通の能力の弟子、劣った能力の弟子といった具合に弟子の力量に合わせて説かれるのが普通だ。大部分のゾクチェンの教えは、三部門から構成されている。第一が加行（けぎょう）［ゾクチェン瞑想を始める前に済ませておくべき準備段階の瞑想のこと］で、さまざまな予備的な修行により心を成熟させ、ゾクチェンの教えを伝授してもらう準備をする。第二が心の本性を悟る教えで、自己発生するリクパ［二元性を超越したブッダの智慧のこと］を自分自身で体験する。第三が融合とトゥガルの瞑想［心から放射される光に取り組む瞑想］で、その中には暗闇の修行や青空を見つめる瞑想などが含まれている。

　ゾクチェン瞑想の修行をする人は、正統的な手続きを通して伝授を授かるように努めなければならない。特に十分に資質を備えたラマから体験的な教えを授かり、自分自身でも優れた体験が得られるようにするのだ。そうすれば、悟りが自然に手中に得られるだろう。

　本書『虹の身体の成就者たち』を読むことにより、私たちは成就者たちが『体験の伝授（ニャムギュ）』に記述して残した真髄の教えに触れることができる。唯一相承の教えを現在受け継いでいるヨンジン・テンジン・ナムタク・リンポチェが説かれている教えも、まさにそうした真髄の教えである。その弟子であるキャロル氏とディミトリー氏が、こうした貴重な口伝の教えの口述筆記と編集をしてくれた。本書が日の目を見ることを心から幸いに思う。本書の出版のために注ぎ込まれたあらゆる尽力に心から感謝を申し上げたい。

ヨンジン・テンジン・ナムタク・リンポチェの高弟であり、
フランスにあるボン教センターであるシェンテン・ダルギェリンの責任者
ゲシェー・ゲレック・ジンパ
２００９年11月４日
ボン教の暦によるところの地のエレメントと象の年の９月17日
英国のオックスフォードにて

謝辞

本書が日の目を見ることができたのは、ヨンジン・テンジン・ナムタク・リンポチェのあふれんばかりのやさしさのおかげだ。経典『シャンシュン・ニェンギュ』の中からたくさんの教えを西洋人の弟子たちに説いてくれたばかりか、より多くの人々がこの真髄の教えに触れられるように私たちを励ましてくれた。また、私たちが本書の出版準備に取り組んでいるときに数多くの疑問に答えてくれただけでなく、系譜の傍系［唯一相承以外の系譜や埋蔵経典の系譜のこと］を樹形図に再現するために貴重な情報を提供してくれたことに心の底から感謝する。

そして、系譜に連なる成就者たちの関係を確認するために貴重な時間を割いてくれた、ケンポ・テンパ・ユンドゥン師とゲシェー・ナムタク・ニマ師にも感謝する。

援助や助言をしてくれただけでなく、喜んでまえがきの執筆を引き受けてくれたゲシェー・ゲレック・ジンパ師、このプロジェクト全体に渡って惜しみない援助をしてくれたアラン・ステーズ氏と彼の妻パール氏、親切にも校正をしてくれただけでなくさまざまな意見を提供してくれたグラハム・ヒル氏、モーリー・トロン・デュラン氏とリチャード・ウイリアムソン氏にも感謝する。

キャロル・エルマコヴァ
ディミトリー・エルマコフ

序説

ディミトリー・エルマコフ

はじめに

本書は経典『ゾクチェンを説くシャンシュン・ニェンギュの教えに基づいたキャルという表題の体験の伝授』という教えの伝授内容をまとめたものだ。これは省略して『キャル』(注1)と呼ばれることもある経典で、この教えの系譜を現在継承しているヨンジン・テンジン・ナムタク・リンポチェ(以下ヨンジン・リンポチェ)が1999年にパリにほど近いセルジーの地で伝授してくれた内容を編集し書籍化したものだ。何世紀にも渡り経典『シャンシュン・ニェンギュ』の唯一相承の系譜(注2)に連なる成就者たちが残した遺言はそれぞれ、長編、中編、短編(注3)にまとめ上げられた。本書はそのうちの長編のものである。

この経典は二つの点でことのほか重要である。一つ目は、歴史的に伝授の系譜が途切れていない点。二つ目は、そこに収録されている教えは偉大な成就者たちが説いたもので、ゾクチェン修行者にとって不可欠なものだという点。こうした重要性にもかかわらず、今まで英語でさえ出版物が世に出ることはまれだった。英語による出版物の中でも筆頭に挙げるとしたら、1998年に出版されたサムテン・カルメイ教授［チベット研究に関する著名な学者］の著作『光り輝く少年』(注4)がある。経典『シャンシュン・ニェンギュ』の成就者たちの生涯に光を当てている素晴らしい書籍で、数点の画像も収録されている。そこには成就者たちの伝記(注5)の要約が収録されていて、その中で部分的にではあるが『体験の伝授』の系譜についても触れている。より最近出版されたものとしては、ジョン・ミルディン・レイノルズ氏［チベット仏教とボン教の研究家」の研究書『シャンシュン王国由来の口伝』（注6）がある。その書籍の中には、経典『シャンシュン・ニェンギュ』の数章の翻訳が収録されている。この書籍の貢献により、一般の西洋人が経典『シャンシュン・ニェンギュ』と永遠なるボン教に関する情報を入手することができるようになった。

本書『虹の身体の成就者たち』が他の書籍と異なるのは、経典『シャンシュン・ニェンギュ』についてヨンジン・リンポチェが説いた教えが初めて誰にでも入手可能になったという点である。彼の口頭による翻訳と伝授は原典に忠実でありながら、学問的な翻訳と解説とは一線を画している。なぜならば、現在唯一相承を受け継いでいるのがヨンジン・リンポチェ自身であり、彼の解説は太古からボン教に伝承されているこのゾクチェン（注7）の教えに命を吹きこんでいるからだ。ヨンジン・リンポチェは自分自身の体験をもとに解説を加えてくれているので、成就者たちが残した最後の言葉に秘められた深遠な意味を読者である私たちがよりよく理解する手助けになっているのだ。

また、灌頂（かんじょう）［密教の教えへの入門を許可する儀式のこと］で使用する「ツァカリ」という色鮮やかなカードの複製も本書に収録されている。これは親切にもヨンジン・リンポチェが提供してくれたもので、私たちはそれぞれの成就者の姿を目にしながらその遺言を読むことができる。伝統的には成就者が残した最後の言葉はその後継者の肖像画に結びつけられるが、本書ではそれぞれの成就者の肖像画に続いて、その成就者の教えが掲載されている。『体験の伝授』の教えは灌頂の流儀に従って伝授される。弟子たちは成就者が最後に残した助言に耳を傾けつつ、その成就者の姿を心の中に思い浮かべながらグル・ヨーガを行う。

あなたが手にしている本書にはこの系譜を現在継承しているヨンジン・リンポチェの口伝の言葉がそのまま収録されているのだから、言葉や物語を超えた加持（かじ）［生きものに加護や恵みをもたらすブッダやラマの力］があなたにもたらされるだろう。それは心の扉の錠を開ける鍵にもなるし、心の本性を悟る道をたどる道標（みちしるべ）にもなるのだ。

（1）チベット語表記で skya ru。以下チベット語表記のことを原語と記す。
（2）原語 gcig brgyud
（3）長編、中編、短編の三種類の経典の原語名は以下の通りである。Zhang zhung snyan rgyud kyi bla ma'i nyams rgyud bsdus pa thor bu、Zhang zhung snyan rgyud kyi bla ma'i nyams rgyud 'bring po sor bzhag、Zhang zhung snyan rgyud kyi bla ma'i nyams rgyud rgyas pa skya smug gnyis
（4）Karmay, Samten G. *The Little Luminous Boy*（Bangkok : White Orchid Press, 1998）。この世界的に著名な書籍の日本語版はナチュラルスピリット社から近刊の予定である。
（5）原語 brGyud pa'i bla ma'i rnam thar
（6）Reynolds, John Myrdhin. *The Oral Tradition of Zhang-Zhung: An Introduction to the Bonpo Dzogchen Teachings of the Oral Tradition from Zhang-Zhung known as the Zhang-zhung snyan-rgyud*（Kathmandu: Vajra Publications, 2005）
（7）原語 rdzogs chen

シャンシュン王国由来のゾクチェン

本書には成就者たちの最後の教え、または遺言が収録されている。その成就者たちはシャンシュン王国に由来するボン教のゾクチェンの系譜に属している。だから、この古代王国についていくらかここで触れておくことにしたい。シャンシュン王国は青海チベット高原の大部分を支配していた帝国または部族連合であり、そのときどきで変動する国境をはるかに超えた地域一帯に文化的、宗教的、政治的な影響を及ぼした。南はヒマラヤ地域、西はギルギットやカシミール、北はモンゴルのタリム盆地や南シベリア、東は中国にまでその影響力が及んだ（注8）。伝統的にボン教徒たちは、永遠なるボン教はトンパ・シェンラップ（注9）その人によってタジクからシャンシュン王国にもたらされたと考えている。それは初代シャンシュン王ティウェル・ラジェ・クランセルキ・チャルチェン（注10）（黄金製のガルーダ《注11》の角が生えた王冠を持つ者）王の治世のときだったといわれている。永遠なるボン教よりも古い教えである「太古の原始のボン教（ドゥミー・ボン）」（注12）の修行者たちは、さまざまな種類の神々と精霊を崇拝していた。彼らは次第に永遠なるボン教に改宗していき、永遠なるボン教がその地に根づいていった。永遠なるボン教は別名ボン教古派（ボン・ニンマ）（注13）とも呼ばれ、シャンシュン王国では本来の名称であるドゥンム・ギェル（注14）と呼ばれていた。時とともに、永遠なるボン教のあらゆる顕教と密教（注15）とゾクチェンの教えがシャンシュン王国に伝来し、たくさんの人々がそれを修行するようになった。そうしてこの教えはシャンシュン王国からあらゆる方向へと拡散していった。顕教と密教の教えは経典に書き取られていたが、八世紀にナンシェル・ルーポが文字に書き取るまで、ゾクチェンの教えはシャンシュン王国の中で口頭でだけ伝授されていた。永遠なるボン教がシャンシュン王国からチベットに伝播(でんぱ)したのは、ちょうど初代チベット王ニャティ・ツェンポの治世。当時のチベットはまだ誕生して間もない時期だったので、永遠なるボン教の教えがチベット帝国を築き上げる礎になり、チベット人の宗教や世俗の生活に深く浸透していった。八世紀になるとティソン・デツェン王とインド由来の仏教に改宗した熱狂的な人々が政治と宗教の両方に渡る弾圧を開始したので、永遠なるボン教は深刻な損害を被るようになった。偉大な聖者であり密教の達人でもあったグル・パドマサンバヴァは、タントラ仏教［より密教に重点を置いた仏教］をチベットにもたらした人物であった。宗派主義に偏った考えを持っていた仏教学者たちは、彼がこの迫害に加わっていたかのように私たちに信じ込ませようとしていたが、実際にはグル・パドマサンバヴァはこの迫害には関係なかったようだ。むしろ、彼は永遠なるボン教のいくつかの教えの保存に積極的に関わり、多くのボン教の教えを自分自身の教えに取り入れ、独創的なチベット仏教を作り上げた。

ボン教の大成就者（注16）である第三のテンパ・ナムカ（注17）と仏教徒の翻訳官パゴルのヴァイローチャナ（注18）が、新しいボン教（ボンサルマ）（注19）という修行体系を設立したのはまさにこの時代のことだった。新しいボン教は、永遠なるボン教と仏教が融合したものだった。グル・パドマサンバヴァの教えはインド仏教由来のサンスクリット語経典に完全に基づいている。一方で新しいボン教の教えは、ブッダ・トンパ・シェンラップの言葉そのものであるボン教の経部経典（カテン）（注20）に基づいている。新しいボン教は今日でも存続していて、特に東チベットのカム地方で広まっている（注21）。数世紀あとに登場したチベット仏教新訳派［11世紀以降に成立したサキャ派、カギュ派、ゲルク派などのこと］でさえ、永遠なるボン教から多大なる影響を受けた。だから、十八世紀のゲルク派［ダライ・ラマが属するチベット仏教最大の宗派］の学者トゥカン・チューキ・ニマ（注22）はチベット仏教とボン教の研究を終えたあと、次のような論評を残している。

「ボン教は仏教と渾然一体になっているし、仏教はボン教と渾然一体になっている。だから、私の識見を以てしても両者の違いを見つけることはできない」（注23）

だから、シャンシュン王国由来の太古のボン教の教えはチベット文化全般だけでなく、チベット仏教各派の中にも脈々と流れているといえる。ボン教文化はチベットの文化と社会の礎であり、ボン教徒のチベット人だけでなく仏教徒のチベット人の宗教活動と日常生活を支え続けている。

八世紀に迫害を受け、迫りくるインド仏教からの外圧にさらされながらも、ボン教の核心は無傷のまま保存されている。トンパ・シェンラップが説いた教えと修行方法は今もなお変わらぬ姿のままで伝承されていて、実際に修行する人があとを絶たない。チベット仏教ニンマ派の埋蔵経典（テルマ）（注24）と同じように、永遠なるボン教の数多くの経典が八世紀に埋蔵され、後に発掘された。しかし、経典『シャンシュン・ニェンギュ』は一度も埋蔵されたことはなかった。その教えは途切れることなく伝授され、修行され続けているのだ。

シャンシュン王国で広まっていたゾクチェンの教えは、経典『シャンシュン・ニェンギュ』の教えだけではなかった。経典『ダクパ・コルスム（伝播された三つの教え）』と経典『セムメ・デグ（劣った心部の九つの教え)』などの教えは、八世紀の迫害の間、埋蔵経典として隠されていたのだ。このことから経典『シャンシュン・ニェンギュ』の教えが、ボン教と仏教を含むあらゆるゾクチェンの教えの中でも、際立ってユニークな存在だということがわかる。第一に、トンパ・シェンラップの時代にこの世界に出現した教えだから、地上に存在するゾクチェンの教えの中でも最も古い系譜を伝承している。第二に、一度も埋蔵経典として隠されたことがないから、クンツ・サンポから私たちまでその伝授が途切れたことがない。このように何も付け加えられていないし何も取り去られていないピュアな元の姿のままのゾクチェンの教えと瞑想方法だから、経典『シャンシュン・ニェンギュ』で説かれている教えには想像を超えた加持の力が宿っている。

この教えを伝授するに当たって厳しいルールが設けられている。このルールのために、この教えとそこに込められた加持は途切れることなく純粋な姿のまま保存されてきた。経典『シャンシュン・ニェンギュ』で説かれている教えの中でも中心となる『四つの教訓』を伝授する者は誰でも、四つの資質を備えていなければならない。このことは、四部門から構成されている経典『シャンシュン・ニェンギュ』の中の「外の教え・見解の概略」の部門に収録されている『禅定瞑想の実践』の中に明言されている。その四つの資質とは以下の通りだ。

経典『シャンシュン・ニェンギュ』で説かれている教えを伝授するラマは、

1 不断の系譜に連なるラマから純粋なまま教えを伝授されていなければならない。

2 顕教や密教や他のゾクチェンの教えと混同することなく、その教えの意味を理解していなければならない。教えの純粋さを守っていること。

3　経典の内容を繰り返し弟子に読み聞かせるだけでなく、実際に自分で修行して体験を得ていなければならない。
4　他の系譜や経典から影響を受けることなく、この教えの系譜を純粋に守っていなければならない（注25）。

こうしたルールにより経典『シャンシュン・ニェンギュ』の教えは、異物が挟まることなく純粋な姿のまま私たちにも伝授されている。つまり、サンワ・ドゥーパ（注26）がラボン・ヨンス・タクパに伝授した教えそのものなのだ。

（8）ボン教文化がシャンシュン王国に伝搬した経路については、Dmitry Ermakov. *Bø and Bön : Ancient Shamanic Traditions of Siberia and Tibet in their relation to the Teachings of a Central Asian Buddha*,（Kathmandu: Vajra Publications, 2008），pp. 706-745 を参照。
（9）原語 sTon pa gShen rab
（10）原語 Khri wer La rje Gu lang gSer gyi Bya ru can
（11）チベット語でキュン（khyung）とは、シャンシュン王国とチベットで固有の角が生えた架空の鷲のことを意味し、通常ガルーダと翻訳される。
（12）原語 gdod ma'i bon
（13）原語 bon rnying ma
（14）原語 drung mu gyer
（15）サンスクリット語では顕教をスートラ、密教をタントラと呼ぶ。チベット語で顕教を表す「ド（mdo）」

と密教を表す「ギュ（rgyud)」という言葉は、もともとボン教で使用されていた用語である。
（16）原語 grub thob
（17）かつて、テンパ・ナムカという同じ名前を持った三人の賢者が存在し、どの人物も同じ成就者の生まれ変わりだった。そのうちの最初の人物は、はるか昔シャンシュン王国で咲いた青い蓮の上に出現したといわれている。より詳しい情報は、Ermakov. *Bø and Bön*, pp. 144-148 を参照。
（18）原語 sPa gor Bai ro tsa na
（19）原語 bon gsar ma
（20）原語 bka’ rten
（21）ボン教の歴史とボン教の種類についての詳細は、Ermakov. *Bø and Bön*, pp. 1-58, 129-162 を参照。
（22）原語 Thu’u bkwan Chos kyi nyi ma
（23）Karmay, Samten G. *The Arrow and the Spindle: Studies in History, Myths, Rituals and Beliefs in Tibet*（Kathmandu: Mandala Book Point, 1998）, p. 533
（24）原語 gter ma
（25）Tenzin Namdak, Trnscr. & ed. Carol Ermakova and Dmitry Ermakov. *mNyam-bzhag sGom-pa’i Lag-len: Teachings by Lopön Tenzin Namdak Rinpoche given at the Shamabhala Centre, Paris, April 1997,*（Shenten Dargye Ling, 2005）, p. 1
（26）原語 gSang ba ‘Dus pa

ゾクチェンの道

本書で説かれている智慧の教えは、悟りを開いたゾクチェンの成就者たちが説いたものであり、彼ら自身の体験に根差している。どの成就者もゾクチェンの修行に心身を注ぎ込み、虹の身体（ジャルー）（注27）という最も優れた悟りを成就した。虹の身体を成就した者たちは、ありきたりな死を体験することがない。肉体が実際に跡形もなく元素に溶けていくのだ。この成就は手品でもなければ魔法の類でもない。ゾクチェン瞑想を極めたときに得られる自然な結果なのだ。この境地に達したゾクチェン修行者はカルマを完全に浄化しているから、二元的な意識というフィルターを通して体験されている森羅万象や現象世界という穢れた顕現が本来の光の幻へと姿を戻し、その源泉である心の本性（注28）へと再吸収される。そして法身、報身、応身といったブッダの三身［三つの側面から説かれた究極的な真理のこと］（注29）が同時に成就されるのだ。

永遠なるボン教でも新しいボン教でもチベット仏教ニンマ派（注30）でも、ゾクチェンの教えと瞑想があらゆる乗［教えや修行方法を、悟りへと生きものを運搬する乗り物に例えた表現］の中で最も優れた究極の乗だと考えられている。ゾクチェンの見地に立つと、顕教と密教の乗は暫定的な教えにみえる。顕教も密教も直接的には心の本性と呼ばれる一切の土台（クンシ）（注31）について説いていないし、カルマや心の穢れを浄化するために、穢れた二元的な意識活動に基づいた教えや瞑想に依存しているからだ。顕教の乗では放棄を手段としている。密教の乗では変容を手段としている。どちらの乗でも解脱に向かって進むために、精神的な努力をしなければならない。一方で、ゾクチェンはあらゆる乗の中でもユニークな教えである。意識や心に依存しないでブッダの境地に到達するからだ。そのゾクチェンの独特な手段とは自己解脱で、または努力することなしに、心の本性を体験的に見抜くことだ。心の本性とは一切の土台であり、それは身体と言葉と意識に関わるあらゆる障碍（しょうがい）と錯誤を完全かつ強力に浄化してくれる（注32）。ありきたりな意識と心の本性の違いを見極め、思考やあらゆる意識の揺れ動きのあとを追わずに本然の境地（注33）に留まることによって、ゾクチェン修行者はあらゆる煩悩や障碍や穢れた顕現を溶かし、土台に戻すことができる。ついには最終的な仏性に到達できるのだ。高い能力を持つ者ならば、一生の間にゾクチェンの悟りを成就することができる。低い能力を持つ者でも、三回生まれ変わる間に成就できる。これは宇宙の創成から破滅までに相当する劫（こう）（注34）というとてつもなく長い時間を、三回も繰り返す三劫（注35）を経てようやく悟りを成就できる顕教よりもずっと時間がかからない。または、七回生まれ変わる間に悟りを成就する密教よりも時間がかからない（注36）。

だから、ゾクチェンは仏性への近道だといえる。簡単で魅力的な教えだと思われがちだし、努力する必要のない教えだと呼ばれることもあるが、ある一つの重大なポイントが見過ごされがちである。それは、ゾクチェンの教えとゾクチェン修行者（ゾクチェンパ）は異なるということ。または、心の本性とゾクチェン修行者は異なるということだ。ゾクチェンとは大いなる完成という意味だ。それは他の乗で説かれる道と得られる結果がすべて、その中におのずから完成されているからだ。ゾクチェンやその完成された菩提心（注37）［清浄で完成されたブッダの心のこと］の見解（注38）に立てば、帰依や慈悲や悟りを求める心などを別々に修行する必要がないのだ。これらはどれもすべて、ゾクチェンの本然の境地の中で自発的に成就されているからだ。これがゾクチェンの教えそのものという意味だ。

以前からヨンジン・リンポチェは「弟子たちはゾクチェンの教えとゾクチェン修行者の違いを十分に理解しておく必要がある」としきりに説かれている。「さもなければゾクチェンは最も優れた教えと瞑想の源泉だから、ゾクチェン修行者は善い行為をする必要もないし、常軌を逸した悪い行為に手を染めることもできる……。つまり、何でもありという誤ったニヒリズムの見解に陥ってしまうだろう」ということなのだ。こうした考えは本物のゾクチェンとは似ても似つかないものだ。ゾクチェン修行者はゾクチェンそのものではない。ゾクチェン修行者というのは、ゾクチェン瞑想によって自分の心の穢れを浄化しようとする修行者のことだ。いつでも自分の悟りや成就のレベルについて自覚しておく必要がある。

悟りを開いたゾクチェンのヨガ行者や大成就者（マハーシッダ）の物語や話を、本で読んだり話に聞いたりしたことがある人もいるだろう。彼らはいつも常識外れでとても風変わりな振る舞いをしていた。狂気の智慧とも呼ばれるこうした奇行をまねてみる人もいるようだが、実際にはそれを裏付ける悟りや高度に変容した意識が欠けている。それは本然の境地をあますことなく悟っていることだ。昼も夜も身体と言葉と意識の活動に携わりながら、本然の境地に留まれる能力を身につけていることだ。この能力に達していないのに見た目だけ狂気の智慧を獲得した成就者の振りをして、常軌を逸した行動をしたとしても、そこには後ろ盾となる悟りの心が欠けているから極めて悪質であり、カルマの浄化どころか手に負えないほどの悪いカルマを積むことになるだろう。だから、ゾクチェン修行者は謙虚に自分の能力に向き合わなければならない。四六時中、本然の境地に留まる能力がなければ、本然の境地に留まる瞑想をしていないときには、善い行いをしたり功徳を積んだりする修行をしなければならない。少しずつ能力が高まるにつれ、どんな行為も心の本性の悟りに融合することが自然にできるようになる。そうすると、その人の行為は努力することなくおのずから変化していく。これがゾクチェン修行者という意味だ。本書を読む間、このことを頭の隅に置いておいてほしい。

(27) 原語 'ja' lus。虹の身体は主に三種類に分類できる。最高レベルの虹の身体はチベット語でジャルー・ポワチェンポ ('ja' lus 'pho ba chen po) と呼ばれる。それは「大いなる転移の虹の身体」という意味だ。このレベルの修行者はそのままの身体で完全なブッダになる。他の人に気づかれることなく、肉体が五大元素のエッセンスである五色の光（原語 'od lnga）へと変化するのだ。その場合、いかなる死の兆候も現れない。こうした人は姿を消し去り、そのあと悟りの道を求める人たちの願いに応えて、この世界のどんな時代のどんな場所にでも再び姿を現すことができる。『シャンシュン・ニェンギュ』の初期の成就者たちや、ツェワン・リクジン（原語 Tshe dbang Rig 'dzin）のようなボン教の他のゾクチェンの系譜に連なるヨガ行者の誰もがこのレベルの悟りを成就した。仏教側のゾクチェンの系譜に連なるグル・パドマサンバヴァとヴィマラミトラも、このレベルの悟りを成就したといわれている。第二のレベルの虹の身体とは、死を迎えたときに、跡形もなく修行者の身体が五大元素のエッセンスから成る虹の光に溶けていくものだ。このレベルの成就は、ときには光の身体（ウクーまたはウルー：原語 'od sku, 'od lus）と呼ばれることもある。第三レベルの虹の身体とは、死を迎えたときに修行者の身体が縮んでしまうもので、最終的には髪の毛と爪だけが残される。髪の毛と爪は切っても痛みを感じないため、身体の外部だということなのだろう。修行者の身体が五大元素のエッセンスに完全には溶け去らずに、その身体が大なり小なり縮んでいくこともある。この場合、その修行者は高いレベルの悟りに到達しているものの、生前にトゥガルの修行を完全には完成させることができなかったのだ。

（28）原語 sems nyid

（29）法身とは、現象の究極的な本性の姿を意味している。チベット語ではボンニ・インキク（bon nyid dbyings kyi sku）といい、サンスクリット語ではダルマカーヤという。報身とは、完全なる受用の姿を意味している。チベット語ではロンチュ・ゾクピーク（longs spyod rdzogs pa'i sku）といい、サンスクリット語ではサンボガカーヤという。応身とは、いろいろに役立つ放射物の種々な姿を意味している。チベット語ではチルヤン・トゥルピーク（cir yang sprul pa'i sku）といい、サンスクリット語ではニルマーナカーヤという（法身、報身、応身のチベット語からの英訳はケンポ・テンパ・ユンドゥン師によるもの）。ゲシェー・ゲレック・ジンパ師によれば、サンゲー（sangs rgyas）というのはブッダを意味するボン教用語で、その本来の意味は「完全なる浄化の成就」である。

（30）永遠なるボン教、新しいボン教、チベット仏教ニンマ派のそれぞれの原語は g.yung drung bon, bon gsar ma, rnying ma

（31）原語 kun gzhi

（32）顕教と密教とゾクチェンといったさまざまなレベルの教えの見解と結果の違いについては、Namdak, Lopön Tenzin. Trnscr. & ed. John Myrdhin Reynolds. *Bonpo Dzogchen Teachings*（Kathmandu: Vajra Publications, 2006）を参照。この書籍の日本語版はナチュラルスピリット社から近刊の予定である。

（33）原語 gnas lugs

（34）原語 bskal pa

（35）原語 grangs med pa gsum

（36）出典は Namdak, Yongzin Lopön Tenzin Rinpoche. *Namkha Truldzö: the Commentary on the Precious Oral transmission of the Great Perfection which is called the Treasury of Space, Shenten Dargye Ling 23 July-11 August 2006,* Trnscr. & ed. Carol

Ermakova and Dmitry Ermacov (Blou, Shenten Dargye Ling, 2006). *Week II*, p. 15

(37) 原語 byang chub sems

(38) 原語 lta ba

その系譜

経典『シャンシュン・ニェンギュ』が比類なき教えであることと、その唯一相承の系譜が極めて重要であることを理解するためには、この最も貴いボン教のゾクチェンの発祥についてざっと知っておく必要があるだろう。まずクンツ・サンポから始まり、言葉を超越した「心から心への伝授」が九尊の善逝（ぜんぜい）（注39）［善の悟りの世界に逝ったもの、というブッダの別名］の間でなされた。

1　イェニキ・トンパ（原初の師範）：法身クンツ・サンポ

2　トゥクジェイ・トンパ（慈悲の師範）：報身シェンラ・ウカル

3　トゥルパイ・トンパ（応身の師範）：応身トンパ・シェンラップ

4　リクパイ・トンパ（明知［優れたブッダの智慧のこと。リクパと同じ意味］の師範）：ツェメ・ウデン

5　トゥルシェン・ナンデン

6　パルナン・クチュク

7　サンサ・リンツン：シェーラップ・チャムマ
8　チメ・ツプ
9　サンワ・ドゥーパ（注40）

ヨンジン・リンポチェによれば、この系譜の黎明に当たる善逝の法身、報身、応身はどれもトンパ・シェンラップの三つの様態を表している。これは特筆すべき要点だ。トンパ・シェンラップは永遠なるボン教の創始者であり、ゾクチェン経典『シャンシュン・ニェンギュ』の源泉なのだ。クンツ・サンポとシェンラ・ウカルとシェーラップ・チャムマは、ユダヤ教とキリスト教とイスラム教の神のような抽象的で普遍的な霊的存在ではなく、ボン教のブッダであるトンパ・シェンラップの身体と言葉と意識をそれぞれ象徴している。ツェメ・ウデンはトンパ・シェンラップから発生した化身。トゥルシェン・ナンデンとサンサ・リンツンは、チメ・ツプの両親。サンサ・リンツンは智慧を備えた慈愛の仏母（ぶつぼ）シェーラップ・チャムマとも呼ばれ、仏教の般若仏母［あらゆるブッダの母］に相当する。また、チメ・ツプはトンパ・シェンラップが地上に転生する前に天界にいた頃の化身だ。パルナン・クチュクも、天界に住む青色のカッコウの姿で現れたトンパ・シェンラップの化身だ。このカッコウが沐浴していたサンサ・リンツンの肩にとまると、彼女の中に無垢の概念が発生し、チメ・ツプの誕生に結びついた。「心から心への伝授」の系譜の最後に当たる善逝サンワ・ドゥーパはタジクに誕生した。それから天界に昇り、チメ・ツプのもとで密教とゾクチェンを習得した。サンワ・ドゥーパはのちにブッダ・シャキャムニとしてインドに生まれ変わり、仏教の教えを広めた。ボン教徒の理解によれば、その教えはタジクやシャンシュン王国の言語ではドゥンム・ギェルと呼ばれ、チベット語では永遠なるボン教と呼ばれた普遍的で不滅な教えなのだ。だから、ボン教徒たちはインド由来の仏教のことを、ボン教の教えと一致した正統的な教えだと尊んでいる。1995年にアムステルダム（オランダ）で「どうしてボン教徒たちはインド由来の仏教の修行をしないのですか？」という質問をされたとき、ヨンジン・リンポチェは「永遠なるボン教自体で膨大な教えを完備している。だから、他の教えを修行したり保存したりする時間がない」と答えている。それでも山のような仕事を抱えながら忙しい合間を縫って、ヨンジン・リンポチェはチベット仏教各派の教えについて研究してきた。その中で彼が特に高く評価しているのが、ロンチェン・ラプジャムパ（注41）の著作だ。ヨンジン・リンポチェは次のように語っている。

「経典『シャンシュン・ニェンギュ』の教えは、ちょうど老人が語る率直な言葉に似ている。口数多く説明することもなければ、例えを多用することもない。『ナムカ・トゥルズ（神秘的な虚空の蔵）』や『ヤンツェ・ロンチェン（最頂かつ最優の教え）』といった他のゾクチェン経典では、まるで大学教授が講義をするときのような美しい言葉が並んでいる」

「ロンチェン・ラプジャムパの著作は、経典『シャンシュン・ニェンギュ』と同じスタイルで記述されていると思う。使用されている用語は似ていて、同じ内容が説かれている。思考を超越したとても本質的な教えだ。経典『七つの宝蔵』（注42）に収録されている『最勝乗の宝蔵』（注43）で彼は、あますことなく本然の境地について記述している。とても素晴らしい。経典『ナムカ・トゥルズ』や経典『ヤンツェ・ロンチェン』や経典『シャンシュン・ニェンギュ』ほど正確ではないにしても、どの記述内容も的を射ている。

教えの体系が異なり、あちらこちらで付け加えが見られ、正確には要点の説明方法や解説方法が異なるが、説いている内容はボン教のゾクチェンと同じだ」（注44）

ことあるごとにヨンジン・リンポチェは、「ボン教だろうとインド由来の仏教だろうとブッダは完全に悟りを成就していて、宗派主義の気持ちなどこれっぽっちも持ち合わせていない。本当のブッダとは、二元性を超えて完全に清浄な私たち自身の仏性のことなのだ」と弟子たちに説きながら、偏見から離れ、宗派主義を超えた姿勢を守るように言い聞かせている。また、ヨンジン・リンポチェは経典『シャンシュン・ニェンギュ』の修行を望む人でも、今まですでに他のラマから授かった戒（本格的にボン教や仏教の修行をする上で守るべきルール）や約束事を尊重しなければならないと説いている。その戒や約束事とは弟子が備えるべき五つの資質のうちの一つでもある（注45）。

サンワ・ドゥーパは、天部の神々（注46）が住む天界のラボン・ヨンス・タクパに教えを伝授した。こうして二十四人の成就者（注47）の系譜が始まった。その教えは秘密の言葉に置き換えられ、弟子の耳に当てた竹筒の口に小声でささやくようにして秘密の教えが目に見えない精霊や小さな生きものに盗み聞きされないように竹筒を用いて伝授が行われ、細心の注意を払いながら秘密裏にラマである成就者から弟子に伝授された。この教えは『四つの教訓（カギュ・コルシ）』と呼ばれ、経典『シャンシュン・ニェンギュ』を構成する主要な教えになった。それらは以下の通りである。

1　外の教え：一般的な見解を説明した教え

2　内の教え：要点を口頭伝授した教え

3　密の教え：むき出しのリクパ（注48）、または自己認識へ導き入れる教え

4　最密の教え：森羅万象の土台である本然の境地に対する確信をもたらす教え（注49）

ラボン・ヨンス・タクパは龍神（注50）一族のルボン・パナムに教えを伝授。次にルボン・パナムがタジク生まれの人間、ミボン・ティデ・サムプに教えを伝授。タジクは中央アジアにあったとされる極めて古い国で、西チベットにあるカイラス山の北西に位置し、永遠なるボン教の揺籃（ようらん）の地だった。その地はシャンシュン王国の内部の一地域だったともされている。ミボン・ティデ・サムプは、シャンシュン王国生まれのパナム・キョルポに教えを伝授。これ以降この教えは何世紀にも渡ってシャンシュン王国で、一人の成就者から一人の成就者へと口頭で唯一相承されてきた。だから、この教えはチベット語で『シャンシュン・ニェンギュ』、つまり『シャンシュン王国由来の口伝』と名付けられた。この系譜の中でも特にラボン・ヨンス・タクパ以降の人物をまとめて、二十四人の成就者と呼んでいる。二十四人の成就者の系譜は、さらに四つの部分に分類することができる。それらは、菩薩（ユンドゥン・セムパ）の象徴による伝授（注51）、持明者の明知による伝授（注52）、優れた修行者の口伝による伝授（注53）、学識深い学者による伝授（注54）だ。

二十四人の成就者の最後に当たる人物がダワ・ギャルツェンだ。彼はタピリツァに教えを伝授した。タピリツァは九年間の孤独なお籠り修行を続け、それ以前の経典『シャンシュン・ニェンギュ』のすべての成就者たちと同じように、「大いなる転移」（注55）という虹の身体の中でも、死を体験することなく心身が光に溶けていく極めてまれな悟りの境地を成就した。

二十五番目の成就者であるタピリツァは、経典『シャンシュン・ニェンギュ』の教えにとって最も重要な人物だ。なぜならば、彼は虹の身体を成就したあと、少年の姿の応身（トゥルク）でシャンシュン王国最後の王であるリミギャ王専属の聖職者であったナンシェル・ルーポの目の前に現れ、彼に教えを説いたからだ。タピリツァは『四つの教訓』を紙に書き写すことを許可しただけでなく、一度に複数の弟子にこの教えを説くことも許可した。それにより、この教えがより広まるきっかけになった。タピリツァがそうしたのは、チベットで永遠なるボン教が不安定で危険な情勢に傾き始めたことを懸念したからだ。それは、チベットのティソン・デツェン王が政治的な理由から永遠なるボン教よりもインド由来の仏教を支持し、749年から永遠なるボン教に対する迫害に乗り出したからだ（注56）。さらに、チベットがシャンシュン王国を支配するようになると、永遠なるボン教もまた脅威にさらされるようになった。反逆と策略によりティソン・デツェン王のスパイがリミギャ王を待ち伏せし殺害すると、シャンシュン王国は大混乱に陥った。皮肉なことに、永遠なるボン教がチベットとシャンシュン王国から完全に消滅することを避けることができたのは、リミギャ王の殺害とシャンシュン王国の崩壊の結果なのだ。すでに述べたように、ナンシェル・ルーポはリミギャ王専属の聖職者だった。彼はゾクチェン修行者でありながら同時に高度な成就を達成した密教行者だったので、密教の本尊（注57）ワルチェン・ゲク（注58）が極度の憤怒相（ふんぬそう）［密教の本尊に見られる一つの姿で、激しく怒った表情や外観のこと］を表したシャンシュン・メリ（注59）という本尊の修行により強力な法力を手にしていた。あとに残されたリミギャ王妃の懇願により、ナンシェル・ルーポが「ゾ」と呼ばれる黄金のミサイルをチベットに向けて放つ［ここでは密教の呪術のエネルギーをミサイルに例えている］と、チベット王は瀕死の重傷を負った。ミサイルがやってきた場所が判明すると、チベット王は百人の騎手をシャンシュン王国に派遣し、ナンシェル・ルーポを見つけ出させ、自分の命を救うための交渉をさせようとした。ナンシェル・ルーポがタロ湖（注60）にいることを突き止めると、チベット王からの使者は彼に対して条件交渉を申し出た。次の三条件が満たされたら、チベット王にかけた呪術を解除することにナンシェル・ルーポは同意した。

条件1　リミギャ王の遺骸を埋葬するために黄金製の大きな廟を建設すること。
条件2　ナンシェル・ルーポが属するグルップ一族にはチベット政府の税金を免除し、チベット法廷での特権を与えること。
条件3　ナンシェル・ルーポ自身が修行したり他人に説いたりしている、三百六十種類からなる永遠なるボン教の教えを決して弾圧しないこと。

チベット人たちはその条件を受け入れる以外に方法がなかった。ナンシェル・ルーポはチベットに向かい、チベット王にかけていた呪術を解除した。経典『シャンシュン・ニェンギュ』はナンシェル・ルーポが打ち込んで修行していた教えだったから、弾圧されることも破壊されることもなければ、埋蔵経典として隠されることもなかった。さらに、彼が生きている時代だけでなくこの先の未来にかけてどんな妨害に阻まれるかもしれないから、この口伝の教えを守りぬく責務を果たせるだけの強力な能力を持った霊的存在を彼は探し求めた。神通力を駆使して、彼は有能でとても古い来歴を持つ二柱の霊的存在を調伏し誓いを立てさせた。それが、力強い天神のウェルロ・ニパンセ（注61）と、その妃である女神メンモ・クマラツァ

（注62）だった。特にニパンセはシャンシュン王国だけでなく、異なる名前で中央アジアや内アジアの大草原地帯やシベリアやチベット一帯で崇拝を集めていた神だった（注63）。八世紀以降この二柱の神々は経典『シャンシュン・ニェンギュ』の教えを守る護法神［仏法を守る霊的な存在。その多くが天部の神である］を務め、教えの高潔さを守り、その修行者を保護するようになった。

　時代の変化に応え、より多くの生きものを益するために、タピリツァがナンシェル・ルーポに経典『シャンシュン・ニェンギュ』の教えをより多くの弟子に説くことを許可した一方で、この教えの核心を伝承する唯一相承の系譜は今も存続している。つまり、特別な唯一相承の教えを受け継いでいる唯一のラマの手からたった一人の弟子の手にだけ秘密裏に伝授される教えが、途切れることなく今日まで存続しているのだ。現在その唯一相承の系譜を継承しているのが、ヨンジン・リンポチェである。

（39）原語 bder gshegs dgongs brgyud
（40）九尊の善逝のそれぞれの原語は Ye nyid kyi sTon pa, Bon sku Kun tu bZang po; Thugs rje'i sTon pa, rDzogs ku gShen lha 'Od dkar; sPrul pa'i sTon pa, gShen rab Chen po; Rig pa'i sTon pa, Tshad med 'Od ldan; 'Phrul gshen sNang ldan; Bar snang Khu byug; bZang za Ring btsun, Shes rab Byams ma; 'Chi med gTsug phud; gSang ba 'Dus pa
（41）原語 Klong chen Rab 'byams pa
（42）原語 mDzod bdun
（43）原語 Theg mchog mdzod
（44）２００９年7月31日にフランスのブルー村近郊シェンテン・ダルギェリンにて行ったヨンジン・リ

ンポチェへのインタビューからの抜粋。

（45）弟子が備えるべき五つの資質とは以下の通りである。1．教えによく耳を傾けること。2．経典とその教えに帰依の気持ちを持つこと。3．信心と確信と決意をもって修行すること。4．学ぶときも伝授のときも修行のときも、慈悲の気持ちを持ち続けること。5．ラマや本尊に対する戒を常に正しく守り続けること。Namdak, Yongdzin Lopön Tenzin Rinpoche. *mNyam-bzhag sGom-pa'i Lag-len*（*lTa ba spyi-gcod kyi mnyam-bzhag sgom pa'i lag-len*）, Shambhala Centre, Paris, April 1997, Trnscr. & ed. Carol Ermakova and Dmitry Ermakov（Blou, Shenten Dargye Ling, 2006）, pp. 1-2

（46）原語 lha

（47）原語 gang zag nyi shu rtsa bzhi

（48）原語 rig pa

（49）『四つの教訓』に含まれる経典のすべての目録については、Reynolds, *The Oral Transmission from Zhang Zhung*, pp. 197-203 を参照。

（50）チベット語ではル（klu）、サンスクリット語ではナーガ（Naga）

（51）原語 sems dpa' brda'u brgyud。ユンドゥン・セムパ（g.yung drung sems dpa'）はインド仏教の菩薩に相当する。

（52）原語 rig 'dzin rig pa'i brgyud pa

（53）原語 gang zag snyan khungs kyi brgyud pa

（54）原語 mkhas pa lo pan gyi brgyud pa

（55）原語 'ja' lus 'pho ba chen po

（56）伝統的なボン教の年代記（原語 bsTan rtsis）によれば、この迫害が行われた時期は７８０年から７９０年の間だと、サムテン・カルメイ教授は考えている。Karmay, Samten G. *The Treasury of Good*

Sayings (Delhi: Motilal Banarsidass Publishers Private Limited, 1972), Introduction, p. xxxii

（57）本尊と守護尊のことをチベット語でイダム（yid dam）という。イダムはブッダの化身で、悟りを得るための重要な方便や修行方法でもある。仏教でいう通常のイダムとは異なり、ボン教でいうイダムとは密教の本尊に限らない。ボン教では、最も優れたイダムとは心の本性だと考えている。また経典や祈願文が修行をする上で重要な心の拠り所になっている人の場合には、その経典や祈願文がイダムだということになる。イダムはときどき守護尊と英語で翻訳されることがある。一般的にボン教で伝承される密教の守護尊はトンパ・シェンラップの化身であり、それは永遠なるボン教を広めるさまざまな活動を執り行うための姿だ。

（58）原語 dbal chen ge khod

（59）原語 zhang zhung me ri

（60）原語 da rog mtsho

（61）原語 wer ro nyi pang sad

（62）原語 sman mo ku ma ra dza

（63）ニパンセとユーラシア大陸に存在した他の古代宗教の神々との関係については、Ermakov. *Bø and Bön*, pp. 251-309 を参照。

不断の系譜と途切れた系譜

ナンシェル・ルーポは別の理由からも重要な人物だといえる。彼は経典『シャンシュン・ニェンギュ』のあらゆる系譜を一身に集約したのだ。ここまでずっと説明してきたこの教えは「不断の系譜」(注64)と呼ばれている。そう呼ばれている理由は、間に空白期間を置かずに、一人の成就者から次の成就者へとこの系譜が続いているからだ。一方で、傍系に分かれたいくつかの「途切れた系譜」(注65)も存在する。「途切れた系譜」といっても実際に系譜が断絶したわけではなく、この口伝の教えが文字に記されたときには、ある成就者たちの年代記に空白期間や矛盾が生じてしまっていたということだ。このことについて、成就者の伝記を編纂したパ・テンギャル・サンポは次のように説明している。

〝(前略)上で述べた教えの伝授過程について、矛盾なく記された年表は存在しない。するとだ、これらの伝授された教えのもともとの出処が存在しないのならば、どうしてこの教えがボン教のものだと識別できるのかという異論が唱えられるかもしれない。どんな教えでもその伝授の出処は極めて重要だ。この教えのもともとの出処とは、ホルティ・チェンポの伝授で、彼は信頼できる出処だと私たちは答えることができる。だから、この伝授の流れが枝分かれしバラバラになっていたとしても、その出処は(ホルティ・チェンポの)たった一つだということができる。そうした(系譜がバラバラになった)理由から、「途切れ

た系譜」と呼ばれている。〟（注66）
「心から心への伝授」の系譜に属するチメ・ツプ、イェシェン・ツプ、サンワ・ドゥーパといった三善逝から、直接シャンシュン王国の大成就者たちに注ぐ三つの傍流が存在しており、それらは「途切れた系譜」と呼ばれている（注67）。三つの傍流はナンシェル・ルーポのところで、「不断の系譜」に注ぎ込まれた。

（64）原語 rgyud pa 'khrug med
（65）原語 rgyud pa 'khrug can
（66）Reynolds. *The Oral Tradition* p. 68を参照。
（67）ヨンジン・リンポチェによれば、イェシェン・ツプは九尊の善逝には含まれていないがブッダであることには間違いなく、クンツ・サンポから直結した系譜に連なっているという。

シャンシュン・ガラップとガラップ・ドルジェ

サンワ・ドゥーパから流れ出た傍系の「途切れた系譜」には、とても興味深い人物が見られる。それがシャンシュン・ガラップと呼ばれる成就者だ。ヨンジン・リンポチェやサムテン・カルメイ教授やジョン・ミルディン・レイノルズ氏といったボン教の研究をしている優れた学者たちは、このシャンシュン・ガラップはチベット仏教ニンマ派に伝承されるゾクチェンの系譜に連なるガラップ・ドルジェと同一人物だと提唱している（注68）。チューギャル・ナムカイ・ノルブ・リンポチェ［学者でもあるチベット仏教ニンマ派の高名なラマ］も「実際、経典『シャンシュン・ニェンギュ』の歴史を紐解いてみると、トンパ・シェンラップに由来するそのゾクチェンの系譜の中に、シャンシュン・ガラップが第十三番目の成就者として数え上げられていることが見て取れる。おそらく、このシャンシュン・ガラップはガラップ・ドルジェと同一人物であろう。そして、仏教のゾクチェン文献で伝えられている『初期の十二人の祖師』の系譜は、シャンシュンで伝承されたゾクチェンの系譜の中でシャンシュン・ガラップ以前に現れた十二人の師範に由来している可能性もある」と語っている（Chögyal Namkhai Norbu. *The Necklace of Zi*, Arcidosso: Shang Shung Edizioni, 2004, p.30）。だから、チベット仏教ニンマ派でもボン教でもゾクチェンの教えに関する伝授の源泉と系譜は一つであり、それは永遠なるボン教のブッダであるトンパ・シェンラップに由来しているのかもしれない。どちらの系譜も中央アジアから諸国を通過してチベットに伝来した。チベット仏教ニンマ派の場合にはウッディヤーナ（注69）が系譜の出処だとされているし、ボン教の場合にはシャンシュン王国が系譜の出処だとされている。ウッディヤーナとシャンシュン王国は隣接しており、今日とは異なりその国境はあいまいだった。ボン教の成就者の中には、テンパ・ナムカやツェワン・リクジン（注70）やペマ・トントル（注71）のように、シャンシュン王国とウッディヤーナの間を行き来していた人々も存在した。さらに、「インドのボン教」という教えも存在している（注72）。だから、ガラップ・ドルジェとシャンシュン・ガラップは、本当に同一人物だった可能性がある。ボン教でもチベット仏教ニンマ派でも、説かれているゾクチェンの土台、道、見解、結果に違いがないという事実が、この仮説の正しさを裏付けている。こうしたすべての事実が、共通したゾクチェンの出処が存在していたことを示唆している。

より時代が下ったもので、ガラップ・ドルジェとボン教のゾクチェンの関係を裏付ける文献上の証拠も存在する。たとえば、偉大な埋蔵経発掘者（注73）ユンドゥン・リンパ（注74）が発掘した経典『黄金の匙(さじ)』（注75）には次のような記述がみられる。

〝ヴァイローチャナはブータン王国の「虎の巣」（注76）と呼ばれる場所に滞在していた。その洞窟で修行をしていたある夜、洞窟内が光で満たされ、大地が震え、龍の咆哮(ほうこう)のような地響きがした。目の前を見ると、虹の輪の中に二人の息子（注77）を従えたテンパ・ナムカ（注78）の姿が現れた。本当にその三人がヴァイローチャナの目の前に顕現したのだ。テンパ・ナムカはその白い姿の上に六種の骨飾りを身につけていた。回転する卍を右手で頭の隣に掲げ、左手には血で満たされた頭蓋の杯を持ち、貴石と半貴石で装飾を施された上にさまざまな絹の布を垂れ下げている三叉の鉾をその腕に抱えていた。そして踊るような身のこなしをしていた。

その息子であるツェワン・リクジンはくすんだ白色の身体をしていた。その身体はさまざまな装飾品で見事なまでに飾りたてられていた。ヴァイローチャナはその姿をはっきりと目撃した。するとそのとき彼の心の中に深い帰依(きえ)の気持ちが湧いてきた。

テンパ・ナムカが説いたその教えは黄金を用いて文字に書き取られ、黄金の舎利箱［神聖な品物や遺品を収める箱］に収められた。テンパ・ナムカはその舎利箱をヴァイローチャナの額とのどと胸に当てて、四種類の灌頂を授けた。次のように語りながら、三要訣の教えとアドバイスを与えた。

「ホー！ 明知の少年よ、仏心の息子よ。錯誤に陥るなかれ！ 私の言葉に耳を傾けなさい！

私はガラップ・ドルジェ。

私はテンパ・ナムカ。

私はラゴ・トクレー・バル（注79）。

私はナムカ・ユンドゥン（注80）。

また私はドゥクセー、チェチョク・カキン（注81）。

私は法身の姿を現すことにしよう。

私に帰依する者には誰にでも報身の姿で現れよう。

穢れた生きものには私が応身の姿に見えるだろう。

私は三身の真髄の王。

私は気ままな放浪人生、ラチェン・テンパ、偉大なるナムカのラマだ。


これはボン教に伝わる究極の乗のエッセンス。

黄金の匙からこぼれ落ちた甘露の滴。

修行したら宝のように隠しなさい」


こうしてテンパ・ナムカは教えをヴァイローチャナに説いた。そのあとヴァイローチャナはこの教えを虎の巣に隠した。〃（注82）

タピリツァはテンパ・ナムカの生まれ変わりだったともいわれている（注83）。だから、私たちはこの事実をもって経典『シャンシュン・ニェンギュ』のゾクチェンの教えに立ち返ることにしよう。

（68）ヨンジン・リンポチェから口頭で聞いた話。その他 Karmay. *The Little Luminous Boy*, p. 7 や Reynolds. *The Oral Tradition*, p. 59 や John Myrdhin Reynolds. *The Golden Letters*,（Ithaca, New York: Snow Lion Publications, 1996）, p. 227 を参照。

（69）原語 U rgyan

（70）原語 Tshe dbang Rig 'dzin

（71）原語 Pad ma mThong grol

（72）原語 rgya gar bon skor インドのボン教についてのより詳しい情報は Ermakov. *Bø and Bön*, pp. 23, 205-206 を参照。

（73）原語 gter ston。霊的な宝の発掘者。

（74）原語 g.Yung drung gLing pa。別名ドルジェ・リンパ（原語 rDo rje gLing pa）（1346-1405）。ボン教とチベット仏教ニンマ派の両方の埋蔵経典を発掘した人物の一人。

（75）原語 rDzogs chen gser thur ma lo rgyus spyi ching chen mo gab pa 'byed pa'i lde mig zhes bya ba bzhugs

（76）原語 sPa gro stag tshang

（77）二人の息子とは、44ページの13行目で述べたツェワン・リクジンとペマ・トントルのこと。

（78）これはシャンシュン王国の王子だった第二のテンパ・ナムカのこと。注17（26ページ）を参照。

（79）原語 Lha rgod thog las 'bar

（80）原語 Nam mkha' g.Yung drung
（81）原語 'Brug gsas Chem pa, Che mchog mKha' gying
（82）ボン教の論部経典 vol. 295, p. 23 をヨンジン・リンポチェが親切にも翻訳してくれたもの。2009年8月7日フランスのシェンテン・ダルゲリンにて。
（83）ヨンジン・リンポチェから口頭で聞いた話。

モンゴルのゾクチェン

チメ・ツプから始まった「途切れた系譜」には、他にも興味深い二人の人物が名を連ねている。スムパイ・ボンポ・アワドンとギャイ・ボンポ・サルワ・ウチェンだ。前者は古モンゴル人の血統を受け継いでいた人物で、十一世紀にこの系譜に登場したラマ・ラサン・ティンネクから教えを授かった。アワドンの弟子のサルワ・ウチェンは中国人だ。この二人の成就者はそれぞれの故郷に帰り、ゾクチェン経典『シャンシュン・ニエンギュ』の教えを広めたが、そのあとこの系譜がどのような運命をたどったのかははっきりとした情報は何も伝わっていない。しかし、この師弟の二人はどちらも彼らのラマと同様に、虹の身体を成就したことはわかっている（注84）。

スムパイ・ボンポ・アワドンはチベット人がスムパ（注85）と呼ぶ国の出身だ。スムパとは歴史の流れの中で広大な地域にいくつも現れた、遊牧民の国々から構成された鮮卑（せんぴ）（Xianbei）［中国東北地区やモンゴル高原周辺に存在した古代の遊牧騎馬民族〕のことだといわれている。そうしたうちでも最初期で最強のものがスムベ・ウルス（Sumbe Uls）と呼ばれる鮮卑帝国で、１６８年から１７３年までかけて行われた鮮卑の軍事作戦の間に鮮卑のリーダーである檀石槐（Tanshihai）が設立した国だ。その軍事作戦に勝利したことにより、大草原地帯やココノール湖（青海湖）や東北チベットのアムド地方を匈奴（Hunnu）（注86）から奪い取り支配した。この鮮卑帝国は四世紀のはじめまで存続し、その後いくつかの鮮卑の国に分裂した。それらは拓跋（Toba または Tabgach）〔中国北部やモンゴル高原周辺に存在した鮮卑系の一部族〕、慕容（Muyung または Murong）〔中国東北部や華北地方周辺に存在した鮮卑系の一部族〕、吐谷渾（Tuyuhun または Togon）〔鮮卑族の慕容部出身の吐谷渾が建国した国〕、前燕（Former Yan）〔鮮卑系の慕容部出身の慕容皝が建国した国〕、後燕（Later Yan）〔前燕の将軍だった慕容垂が建国した国〕、南燕（Southern Yan）〔後燕の慕容垂の弟である慕容徳の建てた国〕のことだ。これらの国々はどれも鮮卑王家の分家と貴族によって支配され、その中には中国北西部の広大な地域と、今日の東北チベットのアムド地方に当たる地域を配下に収める国も存在した。最も長く存続した鮮卑の国は吐谷渾で、チベットではアザ（Azha）と呼ばれている。吐谷渾は６６３年に侵略されるまで存続した。そのあと領土の一部はソンツェン・ガムポ王によりチベットに併合され、今日の東北チベットのアムド地方になった。また、別の領土は中国の唐王朝によって接収された。東チベットのカム地方にあるキュンポ（注87）地域の近くにも、スムパと呼ばれる土地が存在する。そこも鮮卑の居住地だったのではないかと私は考えている。スムパイ・ボンポ・アワドンは「ソッポ」（注88）だったといわれている。「ソッポ」というのは、チベット人が古いモンゴル民族や後世のモンゴル民族を指すときに使用する名前だ。だから、スムパイ・ボンポ・アワドンは鮮卑帝国か後続の鮮卑諸国の出身のように考えられる一方で、アムド地方か東チベットか甘粛省の出身だった可能性もある。

スムパイ・ボンポ・アワドンが持ち帰った経典『シャンシュン・ニェンギュ』の教えが、つい最近まで生き残っていたかもしれない可能性を示唆する興味深い事実がある。その事実は、偉大なソデ・ラマ（1846〜1916）がいた南シベリアのモンゴル系ブリヤート族の間で確認されている。ソデ・ラマはブリヤート共和国［ロシア連邦に属す国。シベリアにあるバイカル湖の東から南に広がる］の東北に当たるバルグジン地方に住んでいた。争いを避け、チベット仏教ゲルク派由来のブリヤート仏教とその土地固有の「ボー・ムーゲル」（注89）の教えを融合させたことにより、彼はその土地に住む人々から敬意を集めた。生涯の間に相当な神通力を発揮しただけでなく、その死に際も異例であった。ソデ・ラマは、死を迎えるために針葉樹林の森の中に小枝で作ったテントに九日間一人でいさせてほしいと言った。しかし、愛弟子が疑念に駆られ七日後にそのテントを開くと、ソデ・ラマの身体が赤ん坊くらいの大きさに縮んでいるのを目の当たりにした。これはチベットで虹の身体になったゾクチェンの成就者に関する記述とまったく一致している。ゾクチェンの教えとその特殊な悟りの成就について何も知らなかったごく普通の非仏教徒にすぎなかったその村の年寄りによれば、ソデ・ラマの父親と祖父もまったく同様の死に方をして死体が跡形もなく消え去ったという。ソデ・ラマが仏教の修行に取り組みラマになったのとは対照的に、彼の父親と祖父は仏教とはまったく関係がなかった。二人とも100パーセント「ボー・ムーゲル」の聖職者だった。チベット仏教ゲルク派ではゾクチェンの系譜が伝承されなかったし（注90）、その上ソデ・ラマの父親と祖父はまったく仏教と接触していなかった。だから、もっともらしい説明としてはボン教のゾクチェンのある系譜、それもひょっとするとスムパイ・ボンポ・アワドンに由来した経典『シャンシュン・ニェンギュ』

の系譜が二十世紀のはじめまでブリヤート共和国に残存していたのかもしれない。ソデ・ラマ自身はその教えを誰にも伝授していない（注91）。もしそうだとすると、ボン教のゾクチェンが広まった地域は、これまで考えられてきたよりもずっと広範囲に渡ったということになる。

（84）Karmay. *The Treasury of Good Sayings*, p. 54を参照。
（85）原語 sum pa。スムベ・ウルスまたはスムパと、シャンシュン王国またはチベットの相互影響に関しては Ermakov. *Bø and Bön*, pp. 25 - 26, 68-70, 731-736を参照。
（86）通常 Hsiung-nu または Xiongnu と文字でつづられる。
（87）原語 khyung po
（88）原語 sog po
（89）「ボー・ムーゲル」とは、モンゴル人とブリヤート人の宗教のこと。チベットの「原始のボン（ドゥミー・ボン）」と共通した特徴を持っていることで知られている。しばしば「テングリズム」とも呼ばれ、広義ではシベリアのシャーマニズムに位置づけられている。ボン教と「ボー・ムーゲル」の類似点と差異についての広範囲に渡る研究については、Ermakov. *Bø and Bön*を参照。
（90）ダライ・ラマ五世はゾクチェンの教えを授かり、『封印された秘密（*gSang ba rgya can*）』というゾクチェンに関する論文を書いている。しかし、ゾクチェンはゲルク派の中ではまったく広まらなかったし、ゾクチェンを修行した人がいても虹の身体を成就するまでに至らなかった。
（91）Ermakov. *Bø and Bön*, pp. 736-740を参照。

リクパのカッコウ

これまで述べてきた『四つの教訓』の伝授と並行して、経典『シャンシュン・ニェンギュ』のゾクチェンにはもう一つの教えが存在した。それはチベット語で『ニャムギュ』(注92)と呼ばれ、『体験の伝授』といった意味だ。この『体験の伝授』の教えは、唯一相承の成就者が残した遺言から構成されている。その遺言は彼ら自身の悟りを要約したもので、自分の言葉でつづった真髄の教えだ。その教えは次の成就者になる愛弟子に伝授された。系譜が続くに従って、遺言も増えていった。長い間『体験の伝授』の系譜は、チベット語で「カギュ」(注93)と呼ばれる『教訓』の教えと並行して受け継がれてきた。「カギュ」は四つの教えから構成されているために『四つの教訓』とも呼ばれ、『四つの教訓』こそが経典『シャンシュン・ニェンギュ』の本体だ。三十二代目の成就者に当たるプンチェン・ツェンポは極めて重要な人物で、彼は経典『シャンシュン・ニェンギュ』をシャンシュン語からチベット語に翻訳した。プンチェン・ツェンポは『体験の伝授』と『四つの教訓』を別々の弟子に伝授した。プンチェン・ルントゥップ・ムトゥルに説いた『体験の伝授』の教えは、シェンギャル・ラツェ、ロムティン・ラゴム・カルポ、ングートゥップ・ギャルツェン・リンモ、そしてオルコム・クンドゥルへと伝承された。この系譜は、現代の北西チベットに当たる下シャンシュン王国でプンチェン・ツェンポによって伝授されたから、「下流の系譜」(注94)と呼ばれるようになった。本書で説かれている内容はこの系譜の教えだ。

ここでは、しばしの間シェンギャル・ラツェに注目してみよう。なぜならば、彼がこの系譜に加わることになったエピソードがなかなか味わい深いだけでなく、十世紀のチベット仏教ニンマ派の成就者スルポチェ・シャキャ・ジュンネー（注95）との関わり合いも刺激的だからだ。スルポチェ・シャキャ・ジュンネーはタンラユム湖（注96）［チベット高原に存在する湖で、かつてシャンシュン国王の夏の離宮があった］の湖畔に作られたユンドゥン・ラツェ（注97）庵まで足を運び、シェンギャル・ラツェに会い、ゾクチェンの教えを乞うた。シェンギャル・ラツェは同意し、スルポチェ・シャキャ・ジュンネーに『体験の伝授』の教えを授けた。こうしてこの二人の成就者は親交を深めた。のちにスルポチェ・シャキャ・ジュンネーはシェンギャル・ラツェに、伝授してもらった教えを文字に書き取ってもいいか尋ねることにした。仏教徒の間でスルポチェ・シャキャ・ジュンネーがボン教に改宗したという噂が流布していたため、仏教徒でも受け入れやすいように、たとえばボンという言葉をチュー（注98）というチベット語で仏教を表す言葉に置き換えるようなささやかな変更を加えてもいいかということも同時に尋ねた。それに対してシェンギャル・ラツェは、いくらか言葉を変更することを許可したが、内容は変えないように言い聞かせた。こうしてプンチェン・ツェンポとシェンギャル・ラツェの口伝は、「リクパのカッコウ」という題名でチベット仏教ニンマ派に流れ込むことになった（注99）。この題名の由来は、プンチェン・ツェンポが生涯の終わりにカッコウに姿を変えて法身の次元に飛び去ったことにあやかっている。

チベット人の弟子たちに『体験の伝授』の教えを授けると、プンチェン・ツェンポは今日の西南チベットに当たる上シャンシュン王国にあるグゲやプランへと旅立った。そこで彼が『四つの教訓』の教えをグゲ・シェーラップ・ロデンに伝授したあと、その教えはプラン・クンガ・リンモ、ナルジョル・セーチョク、キュンチ・ムトゥル、ツィデワ・リンモそしてトクメ・シクポへと伝承された。この系譜は「上流の系譜」（注１００）と呼ばれるようになった。「下流の系譜」と「上流の系譜」は成就者ヤントン・チェンポ・シェーラップ・ギャルツェンのところで再合流した。このヤントン・チェンポ・シェーラップ・ギャルツェンこそがオルコム・クンドゥルの許可により、それまで完全に口伝だった『体験の伝授』を文字に書き写した人物なのだ。

（92）原語 nyams rgyud

（93）原語 bka' rgyud

（94）原語 smad rgyud

（95）原語 Zur po che Sha'kya 'Byung gnas

（96）原語 Dang ra g.yu mtsho

（97）原語 g.Yung drung lha rtse

（98）原語 chos。「チュー」というチベット語の言葉はもともとボン教の古い用語で、儀礼を意味した。この言葉は、八世紀に仏教がチベットに伝来したときに、サンスクリット語のダルマ（仏法）という言葉の訳語として採用された。そうした経緯から「チュー」という言葉は仏法を意味するようになった。

（99）「リクパのカッコウ」の原語は Rig pa 'i khu byug。この文は Namdak, Yongdzin Lopön Tenzin Rinpoche. *Dringpo Sorzhag, Chapter II: The Clothes, Pith Instructions of Zhang Zhung Nyen Gyud Masters, Blanc, 15th - 17th September 2002,* Trnscr. & ed. Carol Ermakova and Dmitry Ermakov（Blou, Shenten Dargye Ling, 2006）, p. 69 からの引用。

（１００）原語 stod rgyud

現代の系譜

幸いにもジョン・ミルディン・レイノルズ氏が経典『シャンシュン・ニェンギュ』の系譜や歴史について詳解している研究書『シャンシュン王国由来の口伝』を出版してくれたことにより、読者は他の傍流や、より詳しい歴史についての情報を入手できるようになった。だから、ここではこうした系譜が経典『シャンシュン・ニェンギュ』の系譜を現在継承している、ヨンジン・リンポチェに無事に届けられていることを述べるだけで十分だろう。彼は自分のラマであるヨンジン・サンギェー・テンジン・リンポチェ（１９７７年没）からそっくりそのまま伝授を授かった。経典『シャンシュン・ニェンギュ』の教えがより広く説かれ、ついには外国人の弟子たちが修行できるようになったのは、この二人のラマのおかげである（注１０１）。

ヨンジン・サンギェー・テンジン・リンポチェとヨンジン・リンポチェは、自分たちが直面している状況が、八世紀に永遠なるボン教が迫害されたときとまるで同じだと感じていた。共産主義者によって自分たちの母国チベットが転覆された上に占領され、ボン教僧院も仏教僧院も残忍にも踏みにじられ、世俗社会は徹底的に破壊され、仏像や経典はズタズタに切り刻まれ、修行者は殺されるか投獄された。この二人のずば抜けたボン教のラマたちは膨大な教えを備えた永遠なるボン教を救い出し、保存し、次の世代に受け渡すという重大な責務に取り組まなければならなかった。永遠なるボン教の中心的な護法神であり、また特に経典『シャンシュン・ニェンギュ』の護法神でもあるマチョク・スィピー・ギャルモ（注１０２）（最も優れた仏母である存在の女王)。この護法神がヨンジン・サンギェー・テンジン・リンポチェの目の前に出現し、経典『シャンシュン・ニェンギュ』の教えをもっとオープンに伝授することを命じたのは、こうしたきわどい時代背景でのことだった。さらに「そうしなければ経典『シャンシュン・ニェンギュ』の命運はあっという間に尽きてしまう」とこの護法神は語った。中国がチベットを占領する前は、他のほとんどのゾクチェンの教えと同じように、経典『シャンシュン・ニェンギュ』は通常、選りすぐりの弟子だけにしか伝授されなかった。中国の侵略により状況は激変し、教えの伝授方法や保存方法を見直す必要に迫られた。こうした経緯から経典『シャンシュン・ニェンギュ』は、ボン教の僧侶とチベット人の俗人に対してよりオープンに伝授されるようになった。1989年にはチューギャル・ナムカイ・ノルブ・リンポチェ(注103)が設立したゾクチェン・コミュニティの招待により、ヨンジン・リンポチェは英国(デボン)やイタリアやアメリカ合衆国を訪問し、そのときに初めて経典『シャンシュン・ニェンギュ』を西洋社会で伝授した。それ以来ヨンジン・リンポチェは多くの国々を訪問して、たくさんの弟子たちに経典『シャンシュン・ニェンギュ』をはじめとするゾクチェンの教えを説いてきた。さまざまな国々で信奉者のグループが増加するに従い、西洋で教えを説く場所や教えを保存する施設を創設する必要性が高まった。そうして、2005年にヨンジン・リンポチェを座主に据えた、永遠なるボン教の国際的なセンターである、シェンテン・ダルギェリンがフランスに創設された。そこでは定期的に教えが説かれ、瞑想合宿(リトリート)が行われている。

(101)経典『シャンシュン・ニェンギュ』の完全な系譜の樹形図については、本書の64ページを参照。

（１０２）原語 Ma mchog Srid pa'i rGyal mo
（１０３）原語 Chos rgyal Nam mkha'i Nor bu

編集ノート

永遠なるボン教のゾクチェンが欧米にいながら英語で説かれることのありがたさが身に染みたので、妻のキャロルと私はボン教のコミュニティ内で使用してもらう目的で書籍化の作業に着手した。ヨンジン・リンポチェの励ましと指導に従いながら、内容が重複する部分は編集し、文法上の誤りを修正した。まぎれもなく偉大なこのラマの透き通った声が、文字に書き記された本文から滲（にじ）み出て、あなたの心を満たしていくことだろう。ヨンジン・リンポチェは本書『虹の身体の成就者たち』の原稿を編集した上で一般書として出版し、貴重で得難い教えが誰でも入手できるようにすることを決断された。他のラマや修行者の中には、このような核心的な教えが一般書として出版されることについて疑問に思う人もいるだろう。実際『智恵のエッセンス』（春秋社刊、２００７年）（注１０４）が出版されたときにも、そのような懸念の声が寄せられた。『智恵のエッセンス』には、経典『クンサン・ニンティク』（注１０５）についてヨンジン・リンポチェが説いた教えが収録されている。経典『クンサン・ニンティク』は、シャルザ・タシ・ギャルツェンが著したゾクチェンの瞑想マニュアルである。その経典では特別な加行、テクチュ、トゥガル、バルド（注106）の教えといったゾクチェンの瞑想方法があますことなく説かれている。あるときヨンジン・リンポチェに、どうしてこのような奥義を記した書籍を公に出版することを祝福するのか、そしてこのような高度な教えを授かる準備ができていない人たちにとって悪い影響にならないのかということについて尋ねると、次のように答えてくれた。

第一に、ボン教のゾクチェンを守護する護法神たちがオープンにゾクチェンの教えを説くようにと、ヨンジン・サンギェー・テンジン・リンポチェとヨンジン・リンポチェといった成就者たちに命じていること。

第二に、ゾクチェンの教えは「公開された秘密」だということ。つまり、能力に欠けている人はゾクチェンの教えを理解できないし、それに関する書籍を読もうとも思わない。

第三に、能力と縁がある人たちに経典や成就者たちとの結びつきを提供することは、その人たちにとってかけがえのない利益になること。ゾクチェンの法門に入ることを望む人には、それが可能なのだ。

第四に、もしもこうした教えを修行することを望むならば、本を読むだけでは不十分で、正統的なラマや成就者を見つけて指導を仰がなければならないということが、経典にははっきりと説かれていること。

こうした理由から『智恵のエッセンス』は出版されることになり、人々に利益をもたらした。同じことが、この『虹の身体の成就者たち』の出版についても繰り返されたのだと、ヨンジン・リンポチェは語っている。

この類まれな教えが説かれた1999年に立ち返ってみると、ヨンジン・リンポチェは西洋人の聴衆が馴染んでいるサンスクリット語の仏教用語をまだ多用していたが、今日ではもっと普通にオリジナルなチベット語によるボン教用語を使用している。本書ではそうしたチベット語による重要語をワイリー方式［アルファベットを用いたチベット文字の表記方法］で表記し、項目ごとの最後に載せた注に収めた。

本書を編集するに当たり、それぞれの項目には成就者の弟子の肖像画ではなくその成就者自身の肖像画を収録し、その下にその成就者の名前を書き記しながら、同時にその成就者が残した最後の教えを記載した。読者が読みやすいように、グル・ヨーガや質疑応答といったよくあるテーマの内容を省略した。法話会とは別の機会にヨンジン・リンポチェに聞き取りした内容以外には、何も付け加えていないし何も省略していない。本書はヨンジン・リンポチェが説いた元の教えの言葉と精神を残しているだけでなく、ヨンジン・リンポチェによる英語の独特な語り口をそのまま保存している。

永遠なるボン教のゾクチェンと仏教のゾクチェンは本質的には同じ教えであり、おそらく先史時代には同じ源泉を共有していたと考えられるから、本書に収録されている真髄の教えはどちらの修行者にとっても計り知れないほど有益なことだろう。あなたはすでに資質を備えたラマからゾクチェンの教えを伝授してもらっているかもしれないし、本書や他の本を通してゾクチェンについて知り始めたばかりかもしれない。いずれにしても本書に収録されている言葉によりあなたは励まされ、もっと修行に打ち込むきっかけをつかめるだろう。また、ヨンジン・リンポチェが経典『シャンシュン・ニェンギュ』に基づいて説いたグル・ヨーガの実践方法も本書に収録した。グル・ヨーガはゾクチェンの修行をする上で礎となる瞑想だからだ。もしも、あなたが経典『シャンシュン・ニェンギュ』の修行をしてみたいと熱望していても、まだこの系譜と縁を結んでいないのならば、本書を読むだけでは不十分だ。資質を備えたラマを見つけ出し、必要な伝授や教えを授からなければならない。

ゾクチェンはとてつもなく深遠な教えだから、むき出しになった心の本性を体験し会得することが不可欠だ。これらは本を読むだけでは成し遂げることができない。系譜に由来する加持を身につけ資質を備えた正統的なラマからの直伝だけがなし得るのだ。

ディミトリー・エルマコフ

2008年11月

英国のロービショップリーにて

ムツック・マルロ！　吉祥あれ！［幸運を願うシャンシュン語］

（104）英文の原書：Gyaltsen, Shardza Tashi. Commentary by Lopön Tenzin Namdak. *Heart Drops of Dharmakaya: Dzogchen Practice of the Bön Tradition*（Ithaca: Snow Lion Publications, 1993）

（105）チベット語原典名：'Od gsal rdzogs pa chen po'i lam gyi rim pa khrid yig kun tu bzang po'i snying tig shes bya ba zhugs。シャルザ・タシ・ギャルツェンも『シャンシュン・ニェンギュ』の教えを授かり、その修行をしていた。系譜の樹形図の中に彼の名前が記されているのはそのためだ。しかし、現段階では彼がどのような経緯からこの系譜につながっているのか不明瞭なところがあり、より詳しい調査が必要だ。それでもシャルザ・タシ・ギャルツェンがチョクトゥル・ニマ・ウセル（原語 mChog sprul Nyi ma 'Od zer）と、第二十五代メンリ僧院長シェーラップ・ユンドゥン（原語 Shes rab g.Yung drung）といった南流の系譜に属するさまざまな成就者から『シャンシュン・ニェンギュ』の異なる部分を伝授されていることは今の段階でもわかっている。シャルザ・タシ・ギャルツェンは1859年に東チベットのカム地方に位置するザコック（原語 rdza khog）で生まれ、九歳のときにボン教の出家僧になった。根本のラマを含む二十四人のラマから顕教、密教、ゾクチェンに関する膨大な教えと灌頂を授かった。三十四歳のときにユンドゥン・ルンポ山（原語 g.Yung drung lhun po）に庵を結び、そこでお籠り修行を開始した。それまでに授かってきたあらゆる教えを修行することに、全身全霊を傾けた。シャルザ・タシ・ギャルツェンは卓越した修行者であるばかりか優れた学者であり、また多数の著作を残した。彼の著書である『智恵のエッセンス（クンサン・ニンティク：原語 *Kun bzang snying tig*）』、『自発的に現れる三身（クスム・ランシャル：原語 *sKu gsum rang shar*）』、『界と明知の蔵（インリク・ズ：原語 *dByings rig mdzod*）』では、ゾクチェンの修行に関するさまざまな要点が明確に説かれている。幅広い知識と優れた悟りにより、彼はボン教徒だけでなくゲルク派を含むチベット仏教各派に属する多数の弟子たちをまるで磁石のように引き寄せ、東チベットで発生した超宗派運動（リメ）に関与した。シャルザ・タシ・ギャルツェンは古代から伝わる永遠なるボン教の教えを純粋に守りながら、同時に自分自身で独特の修行方法を編み出している。人生の最期を迎えた1935年に、彼は虹の身体を成就した。シャルザ・タシ・ギャルツェンの弟子の中には、中国によるチベット支配や文化大革命といった極めて困難な状況の中で、彼に続いて虹の身体を成就した者もいた（春秋社刊『智恵のエッセンス』195〜199ページ参照）。ボン教のどのゾクチェンの系譜でもいえることだが、特に『シャンシュン・ニェンギュ』の系譜は活力を衰退させることなく、私たちのいる現在でもその教えに従い最も優れた悟りの果実を成就する人々を輩出し続けている。

（106）テクチュ、トゥガル、バルドのそれぞれの原語は khregs chod, thod rgal, bar do

系譜の樹形図

経典『シャンシュン・ニェンギュ』の系譜に連なる成就者たちの名前は古くから文字に記録されていたが、この樹形図によって歴史上初めて視覚的に系譜の流れを把握することができるようになった。この画期的な系譜の樹形図を参照しながら、本書を読み進めることをぜひ推奨する。

『シャンシュン・ニェンギュ』の系譜

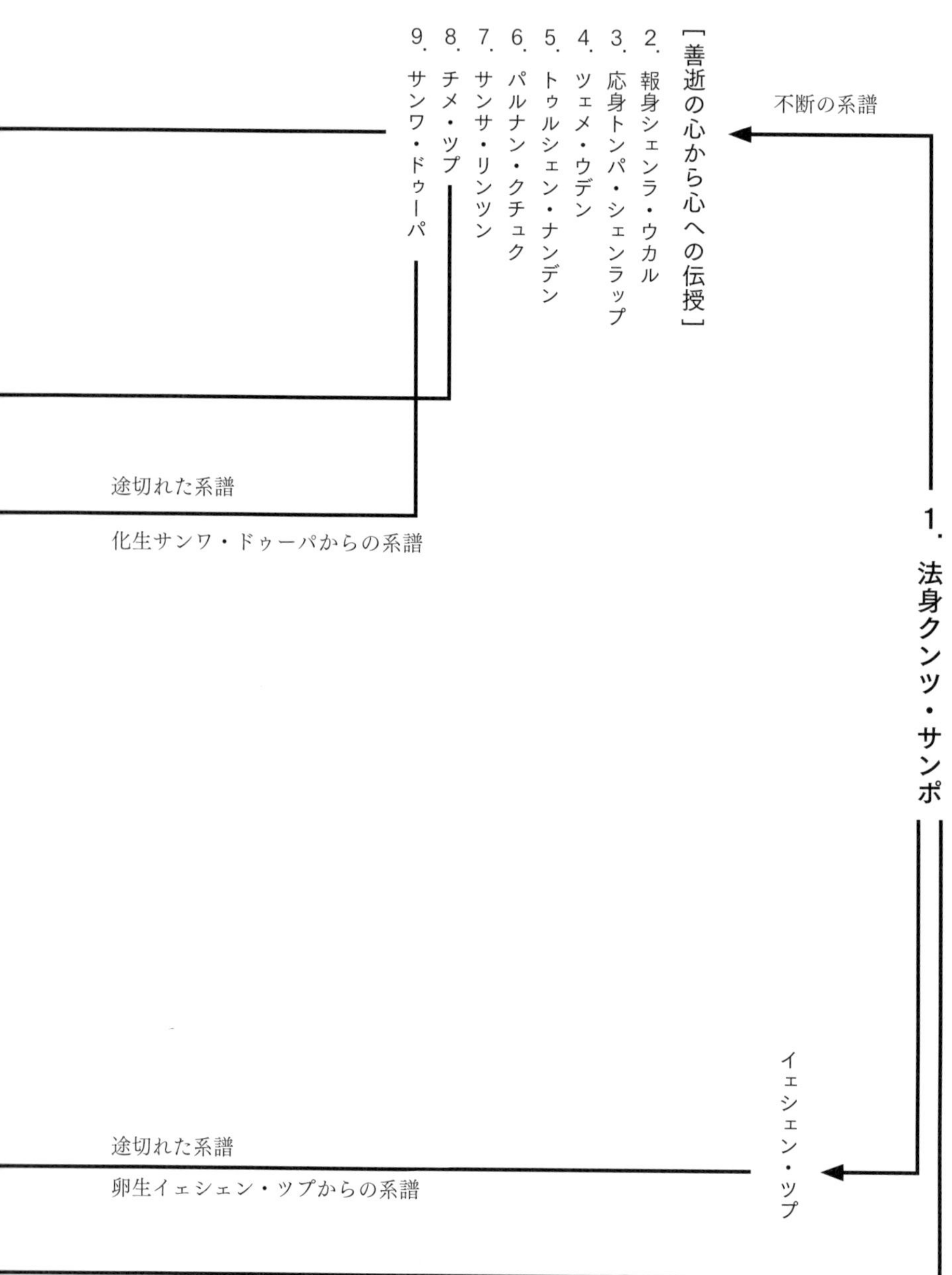

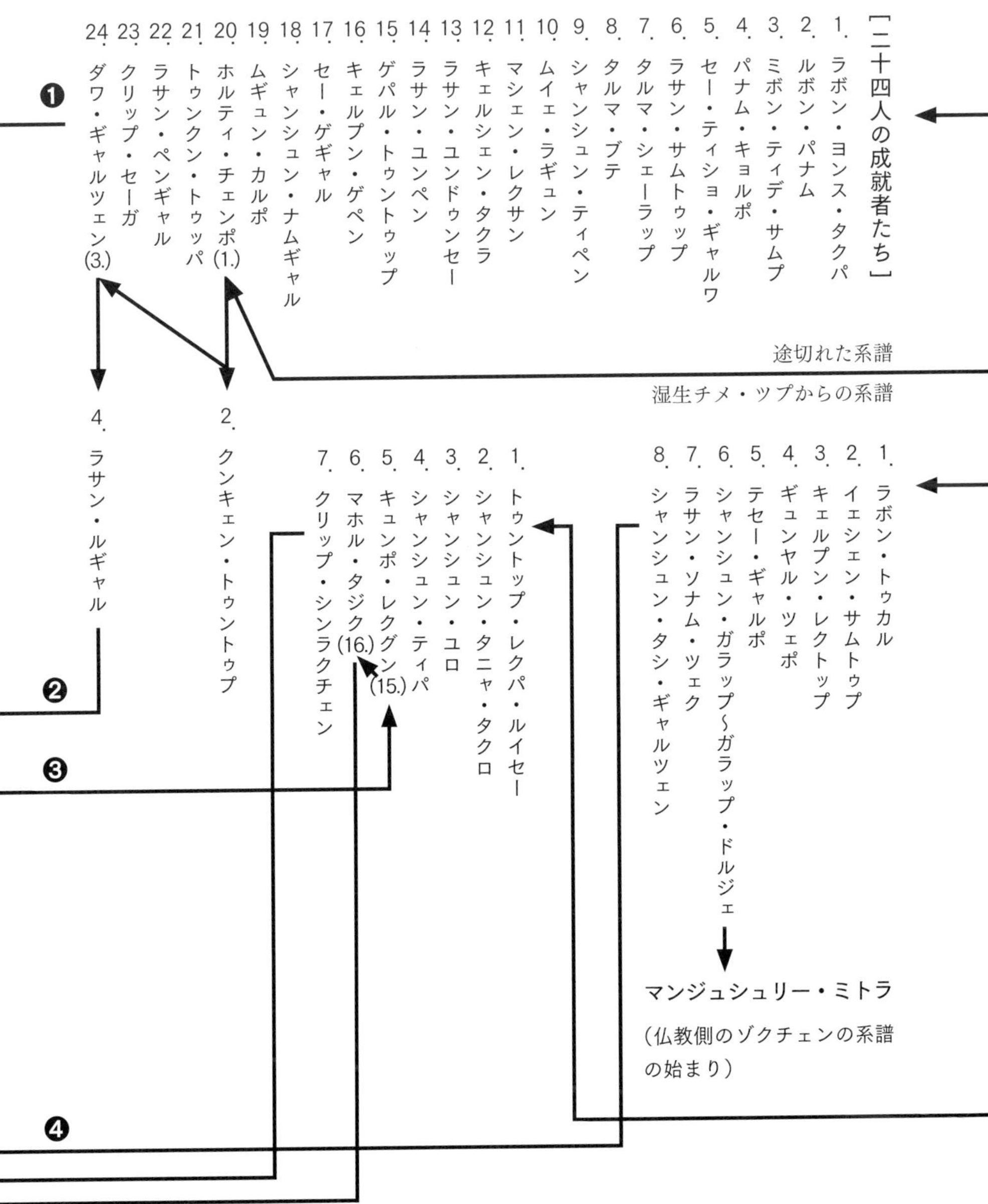
［二十四人の成就者たち］
1. ラボン・ヨンス・タクパ
2. ルボン・パナム
3. ミボン・ティデ・サムプ
4. パナム・キョルポ
5. セー・ティショ・ギャルワ
6. ラサン・サムトゥップ
7. タルマ・シェーラップ
8. タルマ・ブテ
9. シャンシュン・ティペン
10. ムイェ・ラギュン
11. マシェン・レクサン
12. キェルシェン・タクラ
13. ラサン・ユンドゥンセー
14. ラサン・ユンペン
15. ゲパル・トゥントゥップ
16. キェルプン・ゲペン
17. セー・ゲギャル
18. シャンシュン・ナムギャル
19. ムギュン・カルポ
20. ホルティ・チェンポ (1.)
21. トゥンクン・トゥッパ
22. ラサン・ペンギャル
23. クリップ・セーガ
24. ダワ・ギャルツェン (3.)
❶
途切れた系譜
2. クンキェン・トゥントゥップ
4. ラサン・ルギャル
湿生チメ・ツプからの系譜
1. ラボン・トゥカル
2. イェシェン・サムトゥップ
3. キェルプン・レクトゥップ
4. ギュンヤル・ツェポ
5. テセー・ギャルポ
6. シャンシュン・ガラップ〜ガラップ・ドルジェ
7. ラサン・ソナム・ツェク
8. シャンシュン・タシ・ギャルツェン
マンジュシュリー・ミトラ
（仏教側のゾクチェンの系譜の始まり）
1. トゥントゥップ・レクパ・ルイセー
2. シャンシュン・タニャ・タクロ
3. シャンシュン・ユロ
4. シャンシュン・ティパ
5. キュンポ・レクグン (15.)
6. マホル・タジク (16.)
7. クリップ・シンラクチェン
❷
❸
❹

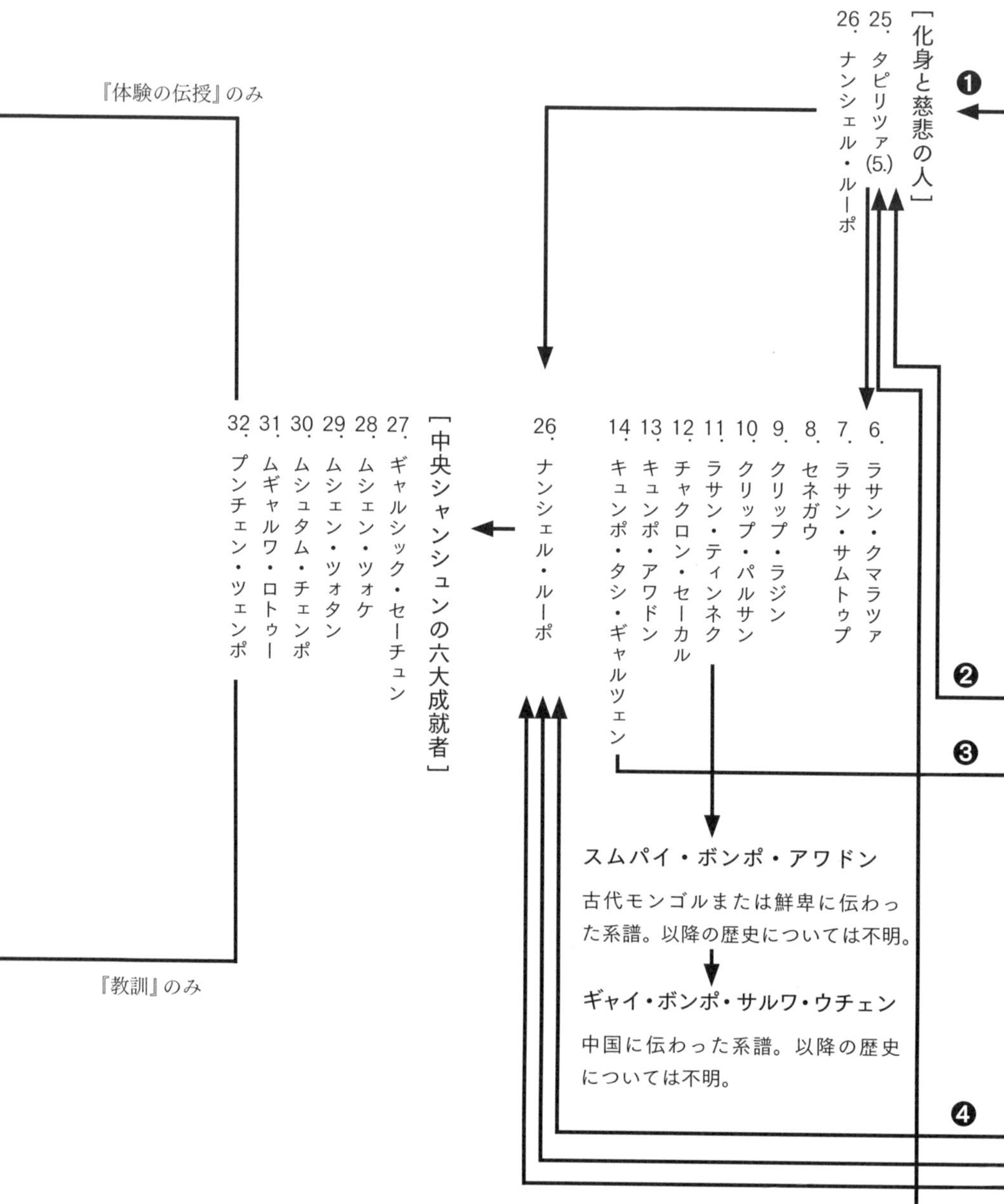

［化身と慈悲の人］
25．タピリツァ(5.)
26．ナンシェル・ルーポ
❶
『体験の伝授』のみ
6．ラサン・クマラツァ
7．ラサン・サムトゥプ
8．セネガウ
9．クリップ・ラジン
10．クリップ・パルサン
11．ラサン・ティンネク
12．チャクロン・セーカル
13．キュンポ・アワドン
14．キュンポ・タシ・ギャルツェン
❷
❸
26．ナンシェル・ルーポ
［中央シャンシュンの六大成就者］
27．ギャルシック・セーチュン
28．ムシェン・ツォケ
29．ムシェン・ツォタン
30．ムシュタム・チェンポ
31．ムギャルワ・ロトゥー
32．プンチェン・ツェンポ
『教訓』のみ
スムパイ・ボンポ・アワドン
古代モンゴルまたは鮮卑に伝わった系譜。以降の歴史については不明。
ギャイ・ボンポ・サルワ・ウチェン
中国に伝わった系譜。以降の歴史については不明。
❹

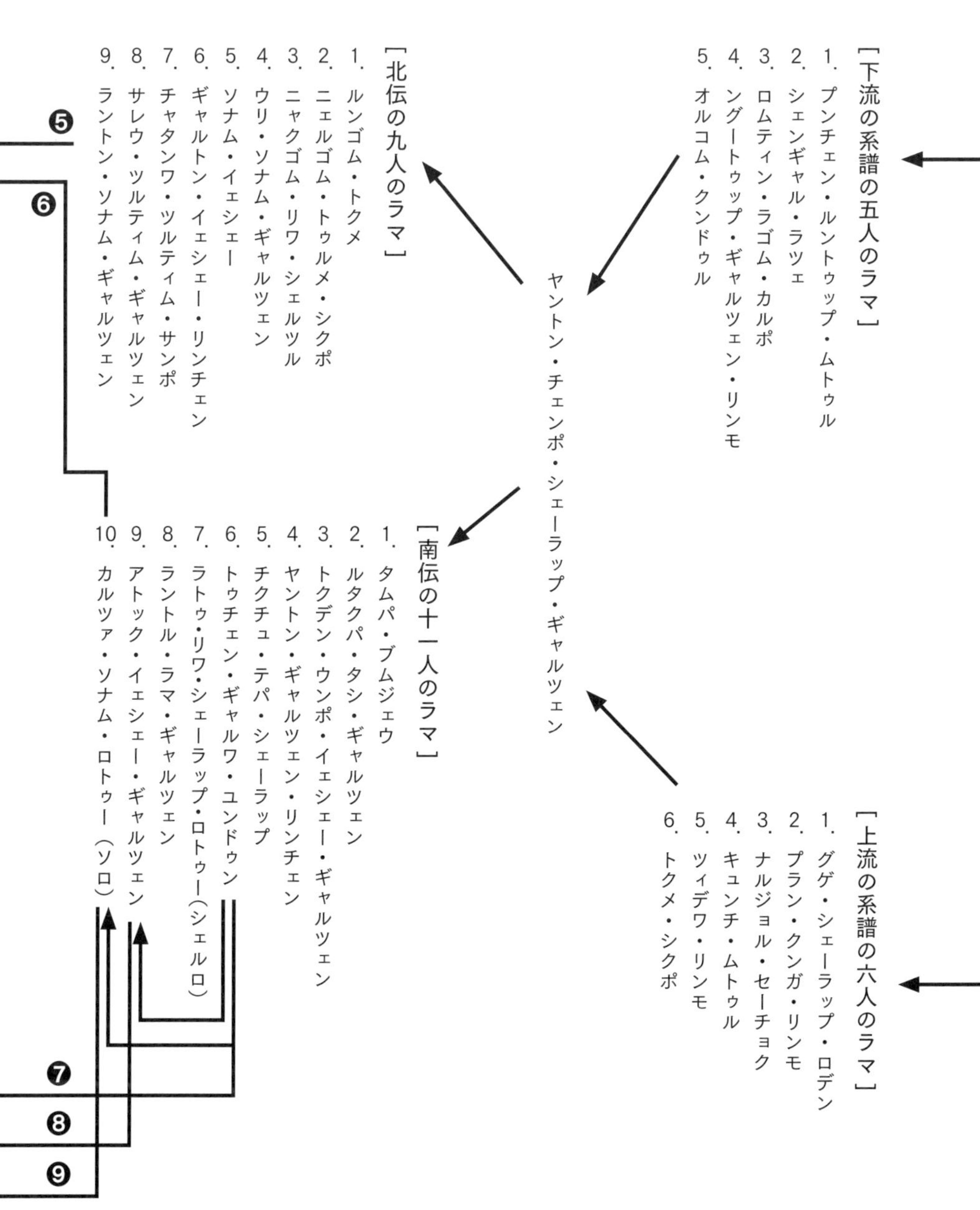
［下流の系譜の五人のラマ］
1.プンチェン・ルントゥップ・ムトゥル
2.シェンギャル・ラツェ
3.ロムティン・ラゴム・カルポ
4.ングートゥップ・ギャルツェン・リンモ
5.オルコム・クンドゥル
［上流の系譜の六人のラマ］
1.グゲ・シェーラップ・ロデン
2.プラン・クンガ・リンモ
3.ナルジョル・セーチョク
4.キュンチ・ムトゥル
5.ツィデワ・リンモ
6.トクメ・シクポ
ヤントン・チェンポ・シェーラップ・ギャルツェン
［北伝の九人のラマ］
1.ルンゴム・トクメ
2.ニェルゴム・トゥルメ・シクポ
3.ニャクゴム・リワ・シェルツル
4.ウリ・ソナム・ギャルツェン
5.ソナム・イェシェー
6.ギャルトン・イェシェー・リンチェン
7.チャタンワ・ツルティム・サンポ
8.サレウ・ツルティム・ギャルツェン
9.ラントン・ソナム・ギャルツェン
［南伝の十一人のラマ］
1.タムパ・ブムジェウ
2.ルタクパ・タシ・ギャルツェン
3.トクデン・ウンポ・イェシェー・ギャルツェン
4.ヤントン・ギャルツェン・リンチェン
5.チクチュ・テパ・シェーラップ
6.トゥチェン・ギャルワ・ユンドゥン
7.ラトゥ・リワ・シェーラップ・ロトゥー（シェルロ）
8.ラントル・ラマ・ギャルツェン
9.アトック・イェシェー・ギャルツェン
10.カルツァ・ソナム・ロトゥー（ソロ）
❺
❻
❼
❽
❾

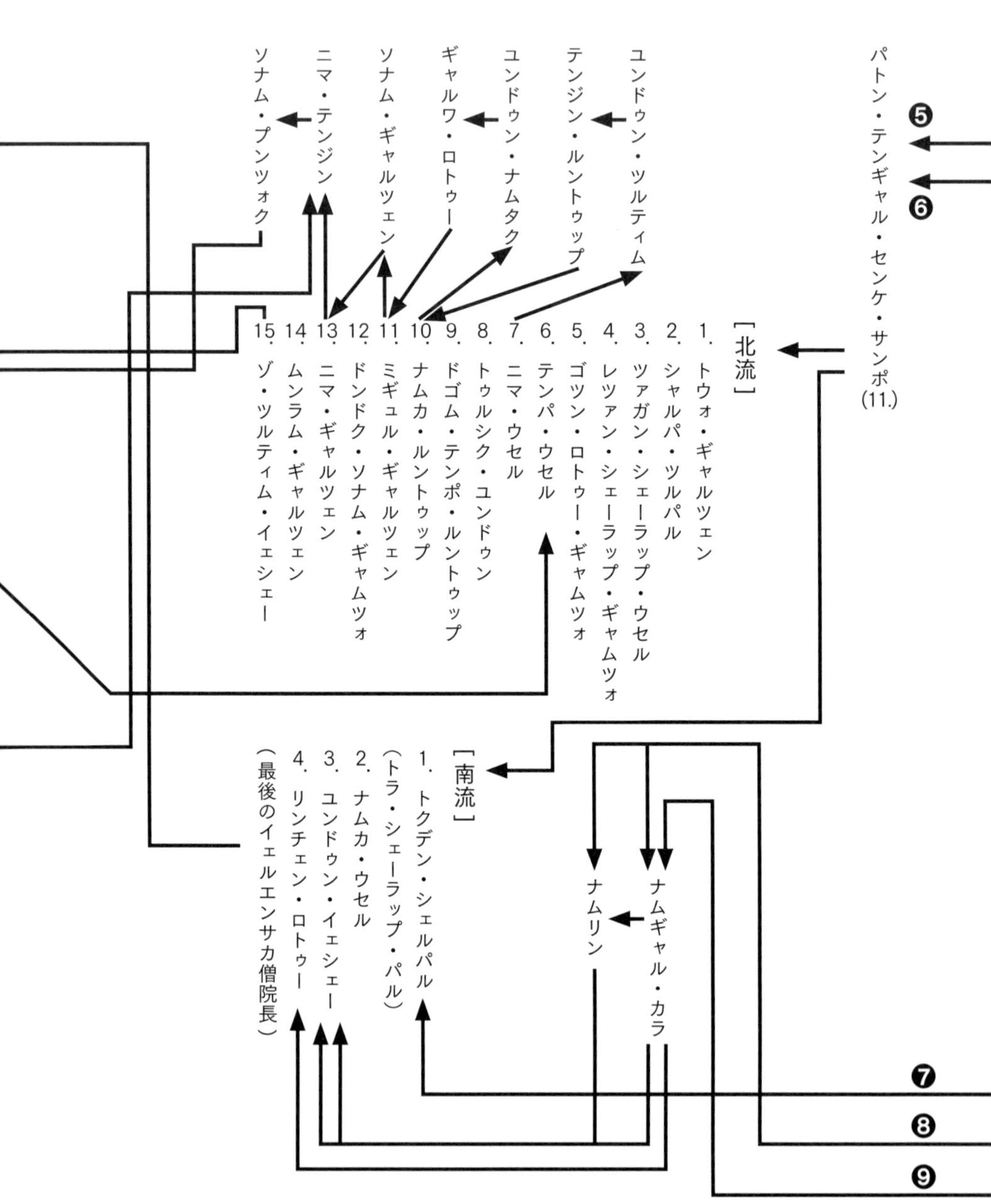
パトン・テンギャル・センケ・サンポ
(11.)
❺
❻
［北流］
1. トウォ・ギャルツェン
2. シャルパ・ツルパル
3. ツァガン・シェーラップ・ウセル
4. レツァン・シェーラップ・ギャムツォ
5. ゴツン・ロトゥー・ギャムツォ
6. テンパ・ウセル
7. ニマ・ウセル
8. トゥルシク・ユンドゥン
9. ドゴム・テンポ・ルントゥップ
10. ナムカ・ルントゥップ
11. ミギュル・ギャルツェン
12. ドンドク・ソナム・ギャムツォ
13. ニマ・ギャルツェン
14. ムンラム・ギャルツェン
15. ゾ・ツルティム・イェシェー
ユンドゥン・ツルティム
テンジン・ルントゥップ
ユンドゥン・ナムタク
ギャルワ・ロトゥー
ソナム・ギャルツェン
ニマ・テンジン
ソナム・プンツォク
［南流］
1. トクデン・シェルパル
(トラ・シェーラップ・パル)
2. ナムカ・ウセル
3. ユンドゥン・イェシェー
4. リンチェン・ロトゥー
(最後のイェルエンサカ僧院長)
ナムギャル・カラ
ナムリン
❼
❽
❾

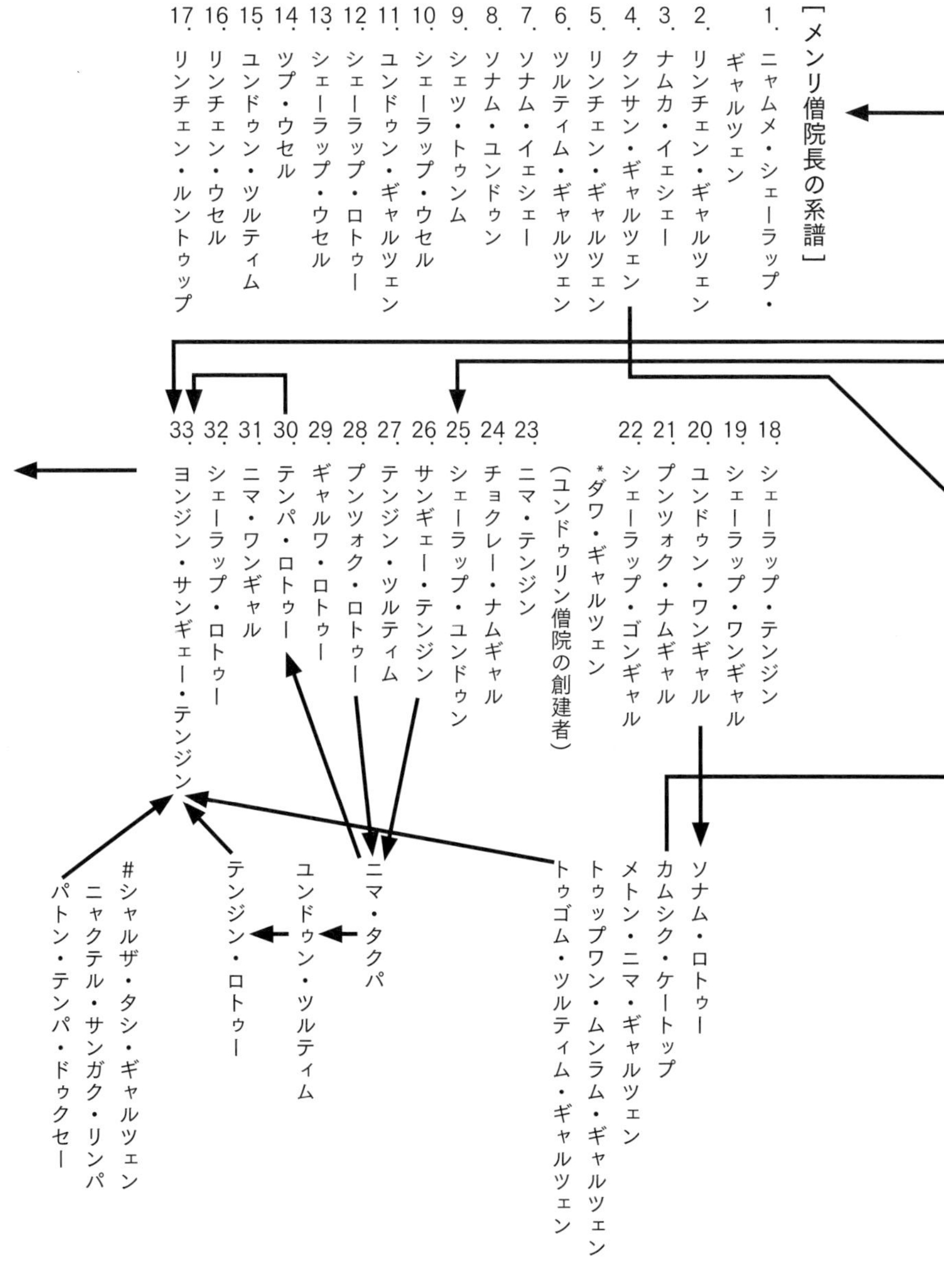
［メンリ僧院長の系譜］
1. ニャムメ・シェーラップ・ギャルツェン
2. リンチェン・ギャルツェン
3. ナムカ・イェシェー
4. クンサン・ギャルツェン
5. リンチェン・ギャルツェン
6. ツルティム・ギャルツェン
7. ソナム・イェシェー
8. ソナム・ユンドゥン
9. シェツ・トゥンム
10. シェーラップ・ウセル
11. ユンドゥン・ギャルツェン
12. シェーラップ・ロトゥー
13. シェーラップ・ウセル
14. ツプ・ウセル
15. ユンドゥン・ツルティム
16. リンチェン・ウセル
17. リンチェン・ルントゥップ
18. シェーラップ・テンジン
19. シェーラップ・ワンギャル
20. ユンドゥン・ワンギャル
21. プンツォク・ナムギャル
22. シェーラップ・ゴンギャル
*ダワ・ギャルツェン
(ユンドゥリン僧院の創建者)
23. ニマ・テンジン
24. チョクレー・ナムギャル
25. シェーラップ・ユンドゥン
26. サンギェー・テンジン
27. テンジン・ツルティム
28. プンツォク・ロトゥー
29. ギャルワ・ロトゥー
30. テンパ・ロトゥー
31. ニマ・ワンギャル
32. シェーラップ・ロトゥー
33. ヨンジン・サンギェー・テンジン
ソナム・ロトゥー
カムシク・ケートップ
メトン・ニマ・ギャルツェン
トゥップワン・ムンラム・ギャルツェン
トゥゴム・ツルティム・ギャルツェン
ニマ・タクパ
ユンドゥン・ツルティム
テンジン・ロトゥー
#シャルザ・タシ・ギャルツェン
ニャクテル・サンガク・リンパ
パトン・テンパ・ドゥクセー
ヨンジン・テンジン・ナムタク

シャルザ・タシ・ギャルツェンは『シャンシュン・ニェンギュ』の教えを授かっているが、その系譜についてはまだ謎が残る。さらに調査が求められている。

歴代メンリ僧院長のような、経典に記録されていない近代の系譜に関してはヨンジン・リンポチェの記述に従った。

編集とデザイン：ディミトリー・エルマコフ
監修：ヨンジン・テンジン・ナムタク、ケンポ・テンパ・ユンドゥン、ゲシェー・ナムタク・ニマ

ゾクチェン『体験の伝授』の教え

講話
ヨンジン・テンジン・ナムタク・リンポチェ
口述筆記と編集
キャロル・エルマコヴァ&ディミトリー・エルマコフ

རྫོགས་པ་ཆེན་པོ་ཞང་ཞུང་སྙན་རྒྱུད་ཀྱི་ཉམས་རྒྱུད་སྐྱ་རུ་བཞུགས་པ་ལེགས་སོ།།

ゾクパチェンポ・シャンシュン・ニェンギュキ・ニャムギュ・キャル・シュクパ・レクソー

経典『ゾクチェンを説くシャンシュン・ニェンギュの教えに基づいたキャルという表題の体験の伝授』に関して、ヨンジン・テンジン・ナムタク・リンポチェが説いた教え

１９９９年8月26日から28日、フランスのセルジーにて

伝授の前に

教えの伝授に入る前に、この経典について私からいささか説明をしておくことにしよう。経典『シャンシュン・ニェンギュ』は九尊のブッダとこの教えの系譜に連なる持明者たち（注107）が説いてきた教えで、『四つの教訓』（注108）から成り立っている。

この教えを授かった弟子は修行に打ち込み、仏性の悟りや虹の身体を成就したら、いつでも自分の弟子に教えを説くことができる。どの弟子も『四つの教訓』の経典をすべて説いてもらうのと同時に、ラマであるその成就者が会得した特別な体験（注109）や洞察を短い言葉に凝縮した教えを授かる。この系譜に連なるあらゆる成就者が残した人生最後の言葉には常識を超えた真髄の教えが含まれていて、それらは異なる機会に長編、中編、短編の三種類に編纂された（注110）。私はこれからそのうちの長編の教えについて解説していくが、収録されている言葉が他よりも多いだけで、その内容に大差はない。どんな成就者もはじめに経典『シャンシュン・ニェンギュ』の教えを授かり、次に実際に修行をして、同じ教えを弟子に伝授してきた。人生の終わりには、自分自身の体験を凝縮した短い言葉を弟子に残した。そうした言葉を収集したのが、この『体験の伝授』（注111）の教えだ。

『体験の伝授』の教えは、何世紀にも渡って唯一相承として守られてきた。このことは何を意味するのだろうか？　それは、それぞれの成就者はたくさんの弟子を取ることができるが、人生最後の短い言葉を集めた唯一相承の教えは、これからその系譜を受け継ぐことになるたった一人の弟子にだけしか伝授されないということだ。この教えは今日まで途切れることなく存続している。私たちは現代というとても困難な時代に遭遇しているため、『体験の伝授』の教えを多数の弟子たちに説くことが許されている。弟子たちは授かった教えを信じて、大切にしなければならない。誰でもこの教えに耳を傾ければ、その恩恵にあずかることができる。一方で、今日でも唯一相承に相応しい弟子を探し出すことは極めて困難だ。唯一相承の教えを授かった弟子は世俗の生活から離れ、仏性を成就するまで修行だけに打ち込まなければならないからだ。そうした弟子であるかないかは、さまざまな吉兆やその弟子の素質から見極めることができる。ようやく見つけ出せたその弟子は、男性かもしれないし女性かもしれない。いずれにせよその弟子に唯一相承の教えを委ねる場合には、護法神に承認してもらい許可を得なければならない。当時のそうした成就者たちの伝記は事細かく記述されることはなかったが、実際にはミラレパ（注112）［11世紀から12世紀に実在したチベット仏教カギュ派の成就者。大変な苦難の末に悟りを開いたことで有名］にとてもよく似た生涯を送っていた。ミラレパについてはたくさん本に書かれているから、今日では誰でも知っているほど有名だ。経典『シャンシュン・ニェンギュ』の成就者たちも虹の身体を成就するまで、誰もが何年にも渡ってミラレパと同じように苦労したり困難を乗り越えたりしてきた。

私は心を込めてこの経典の翻訳と伝授をしていくが、もしも疑問が湧いてきたら、言葉から離れて自分自身の本性（注113）の体験に照らし合わせてみるといい。自分の体験に向き合いながらこの教えを味わうことが重要なのだ。本書では本然の境地とは何か、それがどのような姿や形をしているのかが説かれているが、何よりも自分自身の力で確認することだ。もしも自分自身の体験が欠落していたら、この教えが書かれている本を読んだり、この教えを説く声に耳を傾けたりしたところで、腑に落ちるということはないだろう。

この教えが目指していることは修行や瞑想に熟達し、本然の境地に安定して留まれるようになること。そうすればどんな穢れや障碍も浄化できる。それがボン教の修行をする本当の目的なのだ。すでに、私たちの内側に何もかも完成されているとはいえ、修行や瞑想に集中する必要がある。そうすればあなたの人生にとって有益になるだけでなく、仏性との縁を築き、いつかブッダになることができる。だから言い訳などしないで、今すぐ修行に取り掛かることだ。そうすればあなたにも幸福がもたらされるはずだよ。

（107）原語 grub thob snyan khung gi brgyud pa

（108）原語 bKa' rgyud skor bzhi

（109）原語 nyams

（110）本書の「序説」（17ページ）を参照。

（111）原語 nyams rgyud

（112）原語 Mi la ras pa

（113）ここでいう「本性」とは身体上の特質のことを指しているわけではない。ヨンジン・リンポチェはこの「本性」という言葉を使って、「心の本性」を指し示している。「心の本性」のことをチベット語でセムニというが、それ以外にもたくさんの同義語が存在する。たとえば本然の境地（ネールク）、自性（ランシン）、本体（ンゴウォ・ニ）などで、どの言葉も生きものや個人の基盤または根本を意味し、それらは心の本性と同じものだ。本書の教えは彼が英語で説いたもので、彼が英語で「本性（Nature）」という言葉を使うそのときどきで、どのチベット語を想定していたのか私たちには正確には判断がつかない。だから、本書では「本性」という言葉をそのまま残すことにした。

グル・ヨーガ

瞑想を始めるときにはいつでも、帰依と慈悲の気持ちを心に呼び起こし、祈願文を唱えてから、グル・ヨーガの瞑想に入っていくといいだろう。これから私はあなたに成就者の姿が描かれたカードを見せながら、系譜に連なる成就者を一人ずつ観想するやり方を説明していくことにしよう。その成就者の姿をできるだけありありと観想しなさい。ちらちらカードを見ないこと。真剣に心に思い浮かべるのだ。成就者の姿を覚えたとしても、ここに描かれている絵のように思い浮かべないこと。顔や身体の特徴は肖像画に描かれている通りだが、その光り輝く姿には英知と智慧が宿り、穢れが完全に浄化されていると鮮明に観想するのだ。

あなたはこの肖像画のカードに描かれている通りにそれぞれの成就者の姿を観想しながら、これから私が説くように三種類のエレメントによりあらゆる穢れを浄化するとともに智慧を授かるのだ。そうすれば、成就者から本当に加持や灌頂を授かることができる。

はじめに成就者の姿をありありと思い浮かべたら、その成就者の胸元から激しい智慧の炎が吐き出されるだろう。それは一見するとありきたりな炎に見えるが、実際には智慧の炎である。その炎があなたに降り注ぎ、あなたの身体全体に燃え広がると、あなたの肉体だけでなく、あらゆる穢れや無明（むみょう）［自分の心の姿と森羅万象の本当の姿を知らないこと］や煩悩や障碍を焼き尽くすのだ。そして、それらをすっかり燃やし尽くしてしまうだろう。

次に、成就者の胸元からあなたに向かって水が噴出する。それは一見するとミルクのような白色をしているが、あらゆる障碍を洗い流す智慧の水なのだ。

最後に、成就者の胸元からあなたに向かって風が吹き出す。それは一見するとありきたりな風のように見えるが、実際には智慧の風なのだ。その風は強烈に吹きすさび、あらゆる穢れの残滓（ざんし）を吹き飛ばしてしまうだろう。

これらの炎と水と風といった三種類のエレメントはありきたりな元素ではなく、成就者の智慧そのものである。

三種類のエレメントによりあなたの身体と言葉と意識が浄化されると、いよいよ成就者から身体と言葉と意識に関する加持と智慧を授かる準備ができたことになる。最初に、成就者の頭のチャクラから白いア字［身体に関する加持や智慧を象徴する文字］が放射され、あなたの頭のチャクラへと溶けていくだろう。次に、成就者ののどのチャクラから赤いオーム字［言葉に関する加持や智慧を象徴する文字］が放射され、あなたののどのチャクラへと溶けていくだろう。最後に、成就者の胸のチャクラから青いフーン字［意識に関する加持や智慧を象徴する文字］が放射され、あなたの胸のチャクラに溶けていくだろう。このようにあなたがア字とオーム字とフーン字を授かるプロセスは、灌頂そのものなのだ。しかし、本当にその灌頂を受け取れたかどうかは、あなたの帰依の心持ちと、どれだけはっきりと観想できたかにかかっている。さもなければ、成就者たちの珍しい肖像画をただ目にしていただけで、何も変化が得られなかったことになる。自分では灌頂を授かった気持ちになっていても、実際には何も授からなかったことと同じなのだ。すべてはあなたの帰依の気持ちにかかっているということなのだよ。たとえ、この瞬間だけは曇りのない深い帰依の気持ちが芽生えていたとしても、それは瞬く間に消え去ってしまう。帰依の気持ちが続かなければ、灌頂の効果も長くは続かない。成就者たちとその教えに対する深い信心を抱き続けるべきなのは、そうした理由があるからだ。あなたと成就者たちとの間に強い絆を結んでいなければ、正しく教えを授かることもできないし、修行もうまくいかないだろう。今ここで私が説いた教えこそがグル・ヨーガであり、グル・ヨーガは本格的な瞑想に入る前の準備になる。

グル・ヨーガを丁寧に終えることができたら、成就者が残した教えを読み、その通りに20分ほど瞑想してみなさい。気をつけておきたいことは、実際に瞑想を始める前に、その教えを十分に理解できているかどうか自分で確認しておくこと。さもなければ、資金もなしにビジネスを始めるようなものだ！ビジネスを立ち上げる前に資金を用意しておくように、瞑想を始める前に本然の境地について正しく理解しておく必要がある。瞑想を始めても眠気に襲われたり意識がぼんやりしたりする場合には、一度深呼吸をしてみるといいだろう。そうすれば目が覚めるはずだ。とりたてて問題がなければ深呼吸はしなくてよろしい。雑念や思考が湧いてきても、それを止めたり遮断したりすることは無理な話だ。そうしたときには速やかに本然の境地へと立ち返るようにするといいだろう。

瞑想時間が終わったら、その成就者が頭上から降りてきてあなたと融合していく姿を観想すること。そうすれば、あなたは成就者との一体感に包まれることができる。このようにして、あなたの残りの人生をそっくりまるごと本然の境地へと融合していきなさい。できる限り本然の境地に留まり、それと融合していくこと。それこそが、人生をかけるに値するほど価値があることなのだ。少なくとも一日に一回はグル・ヨーガを実践しなさい。一日のうちに二度三度と繰り返すことができたら、よりいっそう素晴らしい。朝少しだけ早起きしてグル・ヨーガを実践してみれば、本然の境地がより明瞭に感じ取れるはずだよ。

九尊の善逝（ぜんぜい）

法身クンツ・サンポ

報身シェンラ・ウカル
（トゥクジェイ・トンパ）

応身トンパ・シェンラップ
（トゥルパイ・トンパ）

ツェメ・ウデン
（リクパイ・トンパ）

トゥルシェン・ナンデン

パルナン・クチュク

サンサ・リンツン

チメ・ツプ

サンワ・ドゥーパ

成就者たち

ラボン・ヨンス・タクパ

1．ラボン・ヨンス・タクパ

この成就者は、須弥山（注114）の頂上に当たる三十三天（注115）に生まれた神（デーバ）（注116）である。彼は九尊の善逝の系譜に登場する最後の九番目のブッダであるサンワ・ドゥーパに出会い、教えを授かり、その教えの修行をして、弟子が見つかるまでその教えを慎重に守り続けた。彼が見出したその弟子というのは、龍神族出身のルボン・パナムだ。ラボン・ヨンス・タクパはその弟子に何もかも伝授しただけでなく、特別に唯一相承の教えも授けた。

「心は生まれることがなく、大空のように果てしない。大空に雲や風や光や暗闇が自発的に現れてきたとしても、大空を妨げることはない。だから、本然の境地に自分を注ぎ込み、そこに留まれば、本性は自発的に姿を現す。そこには主体も対象も存在しない。特に瞑想する必要もなければ、何かに意識を集中させる必要もない。この本性のことを、仏性や法性（注117）と呼ぶ。それを探す方法もなければ見つけ出す方法もないし、それに意識を集中させる方法もない。だから、ただありのままにしておくこと」

（114）原語 ri rab lhun po
（115）原語 sum bcu rtsa gsum lha gnas
（116）原語 lha
（117）ボン教では法性のことをチベット語で「ボンニ：原語 bon nyid」と呼ぶ。この言葉は、チベット仏教の経典の中で「チューニ：原語 chos nyid」と呼ばれているものと同じ意味だ。「チューニ」はサンスクリット語のダルマータ（法性）の訳語である。

ルボン・パナム

2. ルボン・パナム

ルボン・パナムは、天部の神である成就者ラボン・ヨンス・タクパから教えを授かった。彼は唯一相承のゾクチェンの教えを修行して、大成就者（注118）になった。この教えを人間の弟子ミボン・ティデ・サムプに伝授した。

「私たちの本然の境地は法性である。本然の境地は、私たち自身の心の本性から離れていない。あなたがこの本性を悟ったとしても、それが別のものに転換することもないし、他のものに姿を変えることもないし、増減することもない。ひとたびそれがそれ自身を悟ることができたら、偉大なる法身（注119）とはそのことだ。もしも、あなたが錯誤に陥らず、本然の境地に留まり、障碍から自由でいられたらば、それこそが卓越した瞑想というものだ」

（118）（原語）grub thob
（119）（原語）bon sku

ミボン・ティデ・サムプ

3. ミボン・ティデ・サムプ（注120）

「本然の境地は法性。特にそれに意識を集中させる方法も存在しなければ、それを瞑想する方法も存在しない。瞑想する主体も存在しなければ、特に瞑想対象も存在しない。瞑想も瞑想修行者もどこにも見つからない。錯誤から離れ、揺らぐことなく本然の境地に留まりなさい。これは瞑想ではない瞑想と呼ばれる偉大な瞑想（注121）なのだ。対象も存在しなければ、主体も存在しない。ありのままにしておくこと。それがゾクチェンの見解による偉大な瞑想というもの」

（120）この成就者はタジク出身で、人間の系譜の中に登場する最初の人物だ。
（121）瞑想ではない瞑想と偉大な瞑想のそれぞれの原語は sgom med と sgom chen

パナム・キョルポ

4. パナム・キョルポ（注122）

「本然の境地は法性である。特に何かに意識を集中したり瞑想したりすることから離れれば、この境地に到達できるし、この境地を見極めることができる。あなたがもしも意識を集中することから離れ、あらゆる意識の働きから離れれば、この本性を悟ることができるだろう。潮の満ち引きとは異なり、本性は衰退することもなければ増加することもない。いつでもあなたと共にある。本性が本然の境地だと信じる（注123）ならば、特に瞑想方法すら存在しない。ただありのままにしておけばいい」

（122）この成就者は、人間の系譜に登場する最初のシャンシュン王国の人物だ。彼のあとプンチェン・ツェンポまで、この系譜はシャンシュン王国の中で伝承された。プンチェン・ツェンポは9世紀から10世紀にかけての人物で、『四つの教訓』をチベット語に翻訳し、それをグゲ・シェーラップ・ロデンに提供した。一方で、プンチェン・ツェンポは『体験の伝授』の教えを、プンチェン・ルントゥップ・ムトゥルとシェンギャル・ラツェに説いた。このように経典『シャンシュン・ニェンギュ』のすべての教えは、1989年にヨンジン・リンポチェが欧米で説き始めるまではチベットの中でだけ伝授されていた。

（123）原語 yid ches。ここで「信じる」と述べられていることは、ありきたりな信心や盲目的な信仰のことではない。自分の心が本然の境地であるという、明らかで揺るぎない悟りに基づいた完璧で不動な信頼のことをいっている。

セー・ティショ・ギャルワ

5. セー・ティショ・ギャルワ

「本然の境地は行為の対象にはならない。意識を作り変えるほど、意識に働きかけるほど、意識を駆使するほど、思考が増えるばかり。本性を瞑想することなどできない。なぜならば、完全に実体のない本性だからだ。意識を集中したり、観想したり、思考したりすると台無しになるだけ。あなたは本性から離れるばかり。本性は焦点を絞ることなく、それはいつでも静穏(注124)。これこそが本物の善逝(注125)やブッダの真髄の見解」

(124) 原語 mnyam bzhag
(125) 原語 bder gshegs

ラサン・サムトゥップ

6. ラサン・サムトゥップ

「菩提心の本性は大楽（注126）。それを観想することは不可能な話（注127）。なぜならば、森羅万象は絶対的にありのままだから。錯誤に落ちることなく、ただ単にその境地に留まり続けること。このことを『瞑想から離れた境地に留まること』と呼ぶ。これこそが大いなる瞑想であり、大いなる完成なのだ」

（126）原語 bde ba chen po

（127）この一文は、密教で修行される観想のことをいっている。観想とはイメージの中で現実を変化させるテクニックで、ゾクチェンでは使用されない。

タルマ・シェーラップ

7. タルマ・シェーラップ

「心の本性を見つけたら、それが心の根源。この本性を悟ったら、錯誤することなく本性を保ち続けなさい。これこそがブッダの完璧な心であり、瞑想であり、仏性なのだ。この境地を見つけたら、作り変えたり監視したりしないこと。何もせず、ただありのままにしておくのだ。これこそが大いなる完成。存在と呼べるものなど何もないから、特に意識を集中する方法もなければ、瞑想対象も存在しない。ひとたび本性を悟ることができたら、愚直にそこに留まること」

タルマ・ブテ

8. タルマ・ブテ

シャンシュン・ティペンは自分のラマであるタルマ・ブテに「心の本性とはどんな意味ですか？」と尋ねた。

タルマ・ブテは次のように答えた。

「思考に目を向けなさい。色もなければ形もないし物質性もない。それはまるで大空のようだ。大空または空間は、存在するものすべてを包み込んでいる。本性を言葉で定義することもできないし、意識で把握することもできない。意識を用いたら、ブッダでさえも本性を見ることができない。意識を通して見ることをやめて本性に留まる方法とは、探索からも発見からも焦点を合わせることからも離れて、ひたすらに、ありのままにしておくこと。ありのままにしておけば、それこそが卓越した瞑想。付け加えることなど何もない。ブッダでさえも何一つ変えることもできなければ、付け加えることもできない。ありのままにしておくこと」

シャンシュン・ティペン

9. シャンシュン・ティペン

「あなたの本然の境地は、ゾクパ・チェンポの内部に完成されていて融合されている。ゾクパ・チェンポとは大いなる完成のことであり、大いなる菩提心（注128）のことである。あなたが体験した境地が、大いなるゾクパ・チェンポ。それがゾクチェンだ。大いなる完成だとか、大いなる菩提心だとか、ブッダだとかさまざまな名前をつけたとしても、森羅万象はあなたが体験した本然の境地の中に完成されている。あなたがどんなに工夫を凝らしても、どんなに興奮状態（放逸）や眠気状態（昏沈）に襲われても、森羅万象は本然の境地の内部に備わっている。

本然の境地は、菩提心の大いなる完成とも呼ばれる。何もすることなく何も探すことなく、あなたが体験した菩提心や大いなる完成をそのままにしておくこと。もしも、何かを探し出そうとしたり何かをしようとしたりしても、何も見出すことはできないだろう。特別なものなど何も存在しないし、目に見えるものも何も存在しない。この本性は底なしだし、何も存在するものなど見つからない。しかし、とてもありありとしている」

（128）原語 byang chub sems

ムイェ・ラギュン

10. ムイェ・ラギュン

「教えには語るべきたくさんの言葉と内容があるが、そのエッセンスは常に本性だ。心の本性とも呼ばれるこの本性は、何にも執着しないし、何も知覚しない。その見地に立てば、心も意識も完全に錯誤している。本性の内側には、特に意識を集中するべきものなど何も存在しないし、それについて瞑想することなど不可能だ。もしも、本性に意識を集中したり思考を向けたりしたら、あなたは迷子になり誤りに陥る。本性には主体も存在しなければ対象も存在しないし、本性は今だかつて生まれたこともない。それは自己発生の原初の智慧（注129）と呼ばれる。あなたの瞑想はそうあるべきなのだよ。つまり、本性の平等の境地に留まるのだ。これこそが本当の仏身であり、ブッダの智慧なのだ」

（129）原語 rang byung ye shes

マシェン・レクサン

11. マシェン・レクサン

「あなたが体験したこの本性はどんなものにも支えられていないし、どこにも依存していない。そこには執着心もなければ、知覚能力も働いていないし、束縛する思考も存在していない。この本然の境地は、ただただありのまま。これこそが本当の真実。あなたはただこの本性をしっかりと保ち続ければいい」

キェルシェン・タクラ

12. キェルシェン・タクラ

「執着心を手放し、本然の境地の見解に導き入れられることが重要だ。この見解は、興奮状態（放逸）と眠気状態（昏沈）と不活性状態（懈怠）(注130) といった錯誤から自由だ。これこそが純粋な瞑想というものだ。ひとたびこの本性を悟ったら、あなたの行動は清浄になる。言い換えると、五毒 (注131) に穢されなくなる。本然の境地に留まっている間にどんな体験が現れてきたとしても、その体験 (注132) に委ねなさい」

（130）興奮状態、眠気状態、不活性状態のそれぞれの原語は、rgod pa, bying ba, rmug pa。興奮状態(放逸）には、粗雑な興奮状態と微細な興奮状態の二種類がある。粗雑な興奮状態では激しい思考の流れに飲み込まれ、本然の境地から遠くに連れ出されるので、瞑想の上達の妨げになる。微細な興奮状態では微細な思考が揺れ動くので、徐々に瞑想を曇らせていく。どちらの興奮状態もしばらくの間気づかずに過ごしてしまう。気づいたとしても、それがいつどのように始まったのか知る由もない。眠気状態（昏沈）では、眠気が差しだるくなり、最後にはリクパの働きが失われてしまう。不活性状態（懈怠）では、瞑想中に心の輝きが失われてしまう。まだ穏やかで平安に包まれた深い瞑想状態にいるが、それ以上のことはない。それは空性に偏った瞑想状態で、誤った意識集中や誤ったシャマタ瞑想（原語 zhi gnas lding po)、もしくは麻痺のような瞑想（原語 'gog pa）になる。

（131）原語 dug lnga。煩悩五毒のことで、怒り、嫉妬心、自尊心、愚かさ、貪りを意味する。

（132）ここでいう体験とは、瞑想中の瞑想体験（原語 nyams）の中でも、修行者の信心（原語 yid ches）を高めてくれるもののこと。

ラサン・ユンドゥンセー

13. ラサン・ユンドゥンセー

「あれこれ考えて過去を振り返るな。あれこれ考えて未来に期待したり望んだりするな。現在に執着したり、今という時を意識したりするな」

弟子の問い「あれこれ考えて過去を振り返ったら、どんな間違いになるでしょうか? あれこれ考えて未来に期待したら、何が起こるのでしょうか? 今という時に執着したり意識を向けたりしたら、どんな間違いになるのでしょうか?」

成就者の答え「もしも、あれこれ考えて過去を振り返ったら、自己認識の原初の智慧を備えた真の本性を悟ることなどできない。もしも、あれこれ考えて未来に期待したら、思考の流れを断ち切ることなどできない。もしも、現在の思考をああでもないこうでもないと観察していたら、次々に現れる顕現と思考が幻だと悟ることなどできない」

弟子の問い「では、どんな修行をすればいいのですか?」

成就者の答え「本性に留まり、何もしないこと。つまり、ありのままにしておくことだ」

ラサン・ユンペン

14. ラサン・ユンペン

「過去の思考を振り返るな。何が起きても、なすがままにしなさい。次に現れてくる思考に執着しないこと。意識と思考を断ち切ることだ。あなたがすべきことは、ただ大空のようにしていること」

ゲパル・トゥントゥップ

15. ゲパル・トゥントゥップ

「疑うことなく、本然の境地に安らぎ続けなさい。錯誤に陥ることなく、そこに留まり続けるのだ。内界も外界も何も変えないこと。意識の働きから離れて、どこにも焦点を合わせない。これこそが修行のやり方」

キェルプン・ゲペン

16. キェルプン・ゲペン

「楽々とゆったりしながら快適に、本然の境地という菩提心を維持しなさい。あらゆる知覚を手放し、何ものにも執着せずに、何もかも調整されていない、ありのままにしておくのだ。貴いこの教えを例えるならば、きついひと仕事を終えた人のようになること」

ヨンジン・リンポチェの解説

これは例えにすぎない。きつい仕事を終えた人なら誰でも、本然の境地にいるとは思わないこと。さもなければ、誰も彼もがゾクチェン修行者だということになってしまう。

セー・ゲギャル

17. セー・ゲギャル

「意識のどの部分の働きからも離れ、いかなる対象にも意識を集中しないこと。いつあなたの意識の中に現象が自発的に現れてきても、自由にしておけば、あなたは大空に輝く太陽のような境地になれる。何もしないこと。この本性は輝き（サルワ）（注133）ながら、自己認識している。

（133）原語 gsal ba。ヨンジン・リンポチェによれば「ここでいう〝輝き〟とは、空間と本性の不二のことを意味している」という。

シャンシュン・ナムギャル

18. シャンシュン・ナムギャル

「どうしたら、本然の境地に留まれるのだろうか？　まっしぐらに、ありのままにするだけでいい。顕現を排除しないこと。自発的にどんなものが湧いてきたとしても、ありのままにしておけば、大いなる智慧へと姿を変えるだろう。この教えはあらゆる顕現と事象を手放し、本性へと自己解脱させる肝心かなめの秘訣だ」

ムギュン・カルポ

19. ムギュン・カルポ

「ひとたび本然の境地を悟ったら、そこに揺るぎなく留まりなさい。あらゆる顕現と意識の揺れ動きが自発的に現れてきても、放っておくこと。その間にあなた自身はできる限り本然の境地に留まり、本然の境地に馴染むようにすること」

ホルティ・チェンポ

20. ホルティ・チェンポ

ホルティ・チェンポは、当時とても著名な成就者だった。あらゆるボンの九乗（注134）の教え［八万四千種類あるといわれているボン教の教えを九種類にまとめた教えの体系のこと］を受け継ぎ、そのすべての教えに精通していたからだ。ラマであるムギュン・カルポがはじめに、彼に顕教と密教とゾクチェンを含むボンの九乗すべてを説き始めたとき、ホルティ・チェンポはゾクチェンの伝授だけを望んでいた。そこで彼はラマにゾクチェンの教えだけを伝授してくれるようにお願いした。しかし、ラマは「たとえばあなたがゾクチェンの教えだけを授かったとして、もしもあなたの未来の弟子たちが他の教えを必要としていたらどうするつもりかね？　あなたはあらゆる生きものの能力に合わせて、生きものたちを救済してあげなければならない。だとしたら、あなたはどうしたらいいと思う？　ゾクチェンだけを修行すれば、それで自分のためには十分事足りるかもしれない。しかし、これからあなたが出会う他の生きものにとってどんな教えが役立つのか、あなたには知る由がないだろう。だから、あらゆる乗の教えを学び修行しなさい」と答えた。

ホルティ・チェンポの教え「この見解には偏りがない。瞑想とは何かに意識を集中することではなく、心の輝きを実現することだ。行為とはまんべんなく本性と融合し、意識による確認から離れて、途切れることなく行われるものだ。結果を手に入れようと期待する必要はない。結果は自発的に手に入るからだ。見解も結果も本性から自発的に現れる。このことを法身の行為と呼ぶ」

（134）原語 theg pa rim dgu

トゥンクン・トゥッパ

21. トゥンクン・トゥッパ

「意識による行為はすべて手放しなさい。意識が受容した対象や知覚した対象をすべてありのままにしておきなさい。そうすれば、意識は徐々に本性へと自己解脱していく。実体のない本性はかつて体験したことがないほどの至福になる。それが実体のない本性。これこそがブッダの見解だと思うよ」

ラサン・ペンギャル

22. ラサン・ペンギャル

「あなたの意識をのぞき込んでみなさい。思考や意識を振り返ったとき、特に何も見つからないし、見ている人も見られている対象さえも消失してしまう。これこそが大いなる本性。森羅万象は自己解脱して消え去ってしまう。何もすべきでないし、何も変えるべきでない。何かを知覚しようとしないこと。何もかもありのままにしておくのだ。疑いから離れ、ただ本性を維持すること。これが心髄の教えであり、天空を羽ばたくガルーダ（注135）のような教え」

（135）天空を飛翔する偉大な鳥ガルーダ（原語 khyung）の例えは、ゾクチェンをより詳細に説いた教えの中でよく用いられる。ガルーダの足元でどんなに炎が荒れ狂おうとも、どんなに渓谷が深くても、どんなに崖が険しくとも、どんなに嵐が吹きすさんでも、ガルーダはまったく気にしない。そのどれもガルーダに影響を与えないし、何もガルーダの自信を揺らがせることができないからだ。

クリップ・セーガ

23. クリップ・セーガ

「あらゆるティクレ（光滴）（注136）が現れ、森羅万象はむき出しになり輝く。本性には潜在能力が備わっているから、思考の網から智慧があますことなく現れる。明知がその境地に現れる。これこそが心の本性なのだ」

ヨンジン・リンポチェの解説

本質的にどの成就者も異口同音に、テクチュとトゥガルが自発的に融合した本然の境地について説いている。経典『シャンシュン・ニェンギュ』では、テクチュとトゥガルという言葉は使用されていないが、光明（注137）という言葉でどちらの意味も表現されている。光明の教えでは、テクチュとトゥガルを一緒に修行する。トゥガルとは本性の潜在能力であり、本性のエッセンスだ。あなたが本然の境地に留まっているときには、多かれ少なかれ顕現のエッセンスがあなたに宿っている。そのときに目を開けていれば、何らかの顕現が常に行ったり来たりするだろう。これはトゥガルの顕現の礎となる体験だ。修行が上達するにつれ、さらにさまざまな色彩や姿かたちなどが現れてくる。あなたの修行が進めば進むほど、こうしたトゥガルの顕現が発達していく。つまり、修行と顕現はシンクロしているのだ。このことは何でも映し出す力や能力を備えた水に例えられることがある。水からその能力を引き離すことが不可能なように、本性からこうしたトゥガルの顕現を引き離すことなどできない。いくらか特殊な姿勢や視線を用いてトゥガルの顕現を発達させる独特な方法も存在するが、本然の境地から離れて適用されるわけではない。重要なのは、何もない空間を見つめながら本然の境地に留まっているとき、いつも何かが目の前で動いているのを体験することだ。行ったり来たりするこうした顕現はどれも、本性から自発的に現れてきたものなのだ。こうした顕現を他の人に見せることはできない。それらは実体のない本性から自発的に現れてきたあなた固有の体験だからだ。こうした体験は、実体のない本性からさまざまな姿かたちが現れてくる証明なのだ。

こうした現象に対して二種類の対処方法がある。第一の対処方法とは、意識を働かして顕現のあとを追うこと。そうすると、顕現は実体化や物質化していく。それはまるで、柔らかい水が硬い氷に凝固していくのに似ている。そうすると岩のように硬い物体だと思えてきて、もはや柔らかい水だとは考えられなくなる。顕現を対象化しそのあとを追った場合にも、ちょうど同じことが起きる。実体のない顕現が何らかの実体に姿を変え、私たちの生命や人生が形成されていくのだ。第二の対処方法とは、実体のない本性である根源へと帰ることだ。これこそがゾクチェンなのだ。ひとたびあなたがその根源に帰ったら、二度とそこから飛び出そうとしないことだ。その根源に自分を委ね、そこに留まり続けるのだ。それがすべてだ。

（136）ティクレ（原語 thig le）には、滴や球体や玉やエッセンスなどの意味がある。ここでは、光の滴や光の球体のことを指している。ティクレには一色のものもあれば複数の色をしているものもあり、中には五色の虹色のものもある。その姿は完全な球形だけでなく、弧を描いた曲線のものもある。ある一定のレベルで本然の境地に安定して留まれるようになった修行者ならば、瞑想中に完全な姿のティクレを目にするようになる。より新しい時代のゾクチェン、特に仏教のゾクチェンでは、修行方法がテクチュとトゥガルの二種類に分割されている。テクチュは本然の境地の空性の側面（原語 stong）に相当し、トゥガルはその輝きの側面（原語 gsal）に相当している。本文のこの一文では、トゥガルについて語られている。テクチュでは本然の境地の悟りを安定させる方法が用いられる一方で、トゥガルでは特殊な方法を適用して本然の境地に備わるエネルギーを修行者に体験させようとする。エネルギーは顕現の姿で現れ、自分自身の意識と身体の本当の姿もそのエネルギーそのものだと悟ることにより、光から成る虹の身体の成就へと修行者を導く。多くのゾクチェンの教えでは、トゥガルに入る前にはじめにテクチュの修行を揺るぎない境地まで磨き上げておく必要があると説かれている。しかし、この惑星に現存する最古のゾクチェンの教えである『シャンシュン・ニェンギュ』では、そうしたやり方はしないし、実際テクチュとトゥガルといった用語も使用しない。

（137）原語 'od gsal。光明とは、本然の境地の非二元的な完全性のことを意味している。一般的に、本性や本然の境地は、空性と輝きの不二の完全性と表現される。本性からブッダの智慧や森羅万象が立ち現れてくることを輝きと表現する。本性や本然の境地には姿かたちがないことを空性と表現する。その輝きと空性は分離できないことを不二と表現する。しかし、実際にはこの完全性を、輝きと空性と不二に分離することは不可能だ。これらの三つの言葉が使用されるのは、そもそも言説を超越し説明不可能なものを指し示すためだ。経典『シャンシュン・ニェンギュ』にはあらゆるテクチュとトゥガルの修行方法が備わっているが、そうした言葉は用いられない。なぜならば、本然の境地には部分など存在しないから、ゾクチェンの修行方法を二種類に分割する必要はないのだ。

ダワ・ギャルツェン

24. ダワ・ギャルツェン

ダワ・ギャルツェンは、次のような教えをタピリツァに説いた。

「森羅万象は顕現だ。生きものがどんな境遇にいたとしても、外界の宇宙（器世間）とそこに住む生きもの（衆生世間）はすべて本然の境地に融合している。本然の境地は土台のブッダ［もともと生きものにはブッダになるための土台となる仏性が宿っているという意味の用語］とも呼ばれる。顕現が現れてきても、それには実体がない。それは自己認識として現れ、変化することも作られることもなく、本性の中にただ留まっている。自己認識は実体のない本性から分離することもない。その本性を振り返っても、それはあらゆる説明を超越している。本性は自発的に備わるブッダの見解とも呼ばれる。

あなたが事象に大空、大地、岩、柱、父、母、戦争、容器と名づけたとしても、何もかも本性から立ち現れてきたものだ。あなたが何と呼ぼうとも、あらゆる現象はいつも等しく本然の境地に融合している。注意深く調べてみれば、存在するものはどれも自発的に本性へと自己解脱していき、何一つ自立して存在するものなどないことが発見できるはずだ。

私たちが体験する幸福や悲哀や苦悩はどれも、意識や思考が生み出したものだ。どれも思考によって作り出され、原因のカルマと結びついている。あなたが何か対象を目にしたとしてもそれは単なる顕現であり、対象に実体があるわけではない。このことを空性と呼ぶ。その対象を検査してみても、何も発見できないし、そこに本性が残されているだけ。何も変えることなく本性に途切れることなく留まれば、それこそが最も優れた瞑想というものだ。

本然の境地に揺るぎなく留まることができたら、身体の活動と言葉の活動と意識の活動といったあなたのあらゆる日常的な行為を本然の境地に融合しなさい。すると、それは法身の行為（事業）へと姿を変える。あらゆる存在が本然の境地に融合し、一つになる。あるときにはそれは智慧の輝きと呼ばれ、またあるときには思考と呼ばれる。しかし、どちらも同様に自己認識と融合している。あなたが思考を凝らして何かを作り上げたとしても、あなたが森羅万象を本性へと解き放ったとしても、何もかもことごとく本然の境地に融合している。一方で、あなたが思考のあとを追ったり、輝きを欠いて朦朧としたある種の意識不明状態ともいえるシネー（注138）の静寂に囚われたりしていたら、それはシャマタの誤りだといえる。思考が湧いてくるのを止めようとしても、それはできない話だ。思考を止めるものも思考だからだ。思考はひっきりなしに湧き上がるが、その思考を別の思考で止めることはできない。だから、思考を大いなる実体のない本性に委ねることだ。思考が本性の中に鎮まるままに委ねておけば、存在するあらゆる意識や現象も等しく本性の中に鎮まるようになる。ひとたび、輝く本性を体験すれば、疑いが消滅するし、何も執着する必要がなくなる。ただ本性をありのままにして、あらゆる作為から離れ、本性に馴染むことだ。たとえ、思考を用いて何かを発展させようとしたり、何かを上達させようとしたり、瞑想を深めることを急いだり望んだりしても、無駄に終わるだろう。たとえ、何かを発見することを期待したり望んだりしたとしても、錯誤に陥るだけだ。意識を通して本性を知ることはできない。本性を知るためにどんなことをしたとしても、それは努力になってしまい、本性を知る妨げになるからだ。実際には、こうした行為や努力は本性をさえぎっているわけではなく、修行者の妨げになっているだけ。私が説いた話についてじっくり考えて、あなたの体験と照らし合わせてみなさい。

シャマタの修行には四つの段階が存在していて、どれもが一見すると本然の境地と似ているように思えるだろう。しかし、どの段階のシャマタの修行でも対象に囚われている点は共通している。四段階のシャマタとは以下の通りだ。

第一段階のシャマタ。無限の空間（注139）とだけ結合している。空間だけに意識の焦点を当てている。

第二段階のシャマタ。対象そのものに執着したり意識の焦点を当てたりすることなく、意識の方を振返る。意識には限界がないから、焦点を当てている意識にも限界がなくなる（注140）。

第三段階のシャマタ。対象と、対象に囚われている意識の根源の両方を検査する。しかし、どちら側にも何も発見することができない。何も見つからないし、何も存在していない。この段階のシャマタでは、虚無（注141）に意識の焦点を当てている。

第四段階のシャマタ。すでに対象も主体も何も見つからないという確信を得ているが、まだ言葉で表現できない何かが存在している。この段階のシャマタでは、言葉にできない本性（注142）に焦点を当てている。

以上が一般的なシャマタ瞑想であり、どの段階でもいつも何かに意識の焦点を当てたり執着していたりする。だから、シャマタ瞑想と本然の境地が同じだと言うことはできない。

真実の本然の境地には、意識の焦点を合わせることができない。対象も存在しないし、主体も存在しない。ただありのままにしておくことだ。これこそが不変の卍（まんじ・スワスティカ）（注143）の偉大な智慧。それは対象と主体という二元性を超越しているから、意識の焦点を合わせることはできない。この境地はただあるがまま。このことを「師範が必要ない見解」という。

本然の境地に留まっている間でも、「輝き」を見ることもできなければ、「空性」（注144）を見ることもできない。何にも意識の焦点を当てず、何も見たり検査したりせず、何も知ろうとしないこと。ただ瞑想を続けなさい。何もさえぎることなく、森羅万象をありのままの境地にしておくこと。そのことを、「自己認識の原初の智慧」（注145）という。戯れる猿を追いかけるな（注146）。砂場で遊ぶ子供のように幻影のあとを追ったり、幻影に執着したりしないことだ。

これこそが本然の境地に留まる方法であり、本然の境地を修行するためのアドバイスだ」

ヨンジン・リンポチェの解説

通常のシャマタ瞑想を修行する場合、いつも何か知覚対象や意識の焦点を当てる先が存在する。シャマタ瞑想に上達すれば心が落ち着いていくが、それは本然の境地とは似ても似つかないものだ。それはなぜだろう？ 本然の境地は完全に意識を超越しているから、本然の境地を修行しているときには、知覚も執着も存在しなくなるからだ。一方で、シャマタ瞑想とヴィパッサナー瞑想（注147）はいつも意識と結びついている。シャマタ瞑想は心を落ち着かせるなどのさまざまな効果を発揮するが、本然の境地とは似ても似つかないものだ。知覚することとありのままにしておくことの違いを、自分の体験を通して確認することはとても重要だ。この違いを言葉で表現することは不可能なことだから、何より自分で体験することだ。

（１３８）原語 zhi gnas。シネーとはチベット語の言葉であり、サンスクリット語ではシャマタという。これは静寂に留まる瞑想のことで、意識を穏やかにさせる基礎的な瞑想方法である。この瞑想は永遠なるボン教でも仏教でもヒンドゥー教でも修行されていて、さまざまなレベルのものが存在する。シャマタ瞑想のやり方やその目的や考え方は各宗教で異なるし、同じ宗教の中でもさまざまなレベルのものがある。しかし、この一文ではそれは空虚な状態に囚われる過ちだと語られている。それは輝きが欠けた状態で、本然の境地とは別物なのだ。

（１３９）原語 nam mkha' mtha' yas kyi skye mched

（１４０）原語 rnam shes mtha' yas kyi skye mched

（１４１）原語 ci yang med pa'i skye mched

（１４２）原語 'du shes med min gyi skye mched

（１４３）原語 g.yung drung。ユンドゥンとは永遠や不変を意味するチベット語であり、ボン教の卍（まんじ）を指す言葉である。それは反時計回りに回転していて、不変の本然の境地を象徴している。

（１４４）原語 rang bzhin stong nyid

（１４５）原語 rang rig ye shes

（１４６）「ありきたりな意識になるな」という意味。

（１４７）原語 lhag mthong。観瞑想のこと。

タピリツァ

25. タピリツァ

タピリツァは、私たちにとって決定的に重要なキーパーソンだ。彼が登場するまで、二十四人の成就者たちは経典『シャンシュン・ニェンギュ』の教えを口頭でだけ伝授して、何も文字には残さなかった。当時シャンシュン王国では顕教と密教は文字に書き記されていたが、ゾクチェンは文字に書き記されていなかった。成就者たちの誰もがラマから伝授してもらったその教えを暗記して、弟子に伝授するときには口頭だけで行った。

タピリツァはこの教えをダワ・ギャルツェンから授かったあと、カイラス山の北東にあったタクタップ獅子岩（注148）と呼ばれる場所で他人との接触を完全に断ち切り九年間途切れることなく修行に没頭した。その場所は今でも存在し、地名も変わっていないが、そこに住む人々が移り変わったので、今日ではほとんどの住人がその土地の由緒を忘れてしまっている。九年間修行したあとタピリツァは虹の身体を成就して、この世界から消え去った。それまで彼はゾクチェンの唯一相承の教えを誰にも伝授していなかったが、虹の身体を成就したあと、いよいよ弟子に伝授する準備が整ったので、資質を備えた相応しい人物を探し始めた。

そして見つかったのがナンシェル・ルーポだ。ナンシェル・ルーポはシャンシュン王の首席司祭で、極めてプライドが高い男だった。彼は学識が深いばかりでなく強力な法力を持った密教行者だったから、国中から崇拝を集めていた。彼はダワ・ギャルツェンや他のラマとすでに出会っていたが、まだゾクチェンの修行を開始していなかった。ナンシェル・ルーポはカイラス山の北東にあるタロ湖（注149）の島にある洞窟に住んでいた。その土地には二つの湖があり、一つは塩水湖（注150）で、もう一つが淡水湖だった。そのうちの淡水湖がタロ湖で、その湖畔の茂みに囲まれた洞窟が彼の居場所だった。彼にはとても裕福な施主（せしゅ）［高僧や修行者の活動を支えるスポンサー］（注151）がついていて、その施主の男はたびたび彼の住む洞窟を訪問し、食料をはじめとする必需品を布施した。ナンシェル・ルーポと施主の男がようやくゾクチェンの教えを授かる機が熟したので、タピリツァは少年の姿でこの世界に現れ、その裕福な施主の住居の戸口に立った。少年はその施主に食べ物をくれるように求めた。

施主「おまえはまだ若いのに、どうして物乞いなんてして、働こうとしないのだ？」
少年「働けるさ。だけど誰にも働いてくれって頼まれないんだ」
施主「それなら私のところに住み込んで働くといい。いくばくかの金をやろう」

そうして、少年は施主のところで働き始めた。彼はヤクなどの家畜の世話など、どんな仕事でもうまくやりこなした。目を見張るほどの素晴らしい働きぶりだったので、施主は少年のことを「見つけものの小僧」（注152）と名づけた。

ある日、少年は薪を拾いに出かけた。家畜を山に放牧したあと、帰路の途上でナンシェル・ルーポのところに立ち寄った。ナンシェル・ルーポは洞窟の近くの茂みで瞑想しているところだった。少年は彼のすぐ近くまでやってきたが、五体投地（ごたいとうち）［ラマや仏像などの前で、額・両手・両ひざを床につけてひれ伏す礼拝方法］

もしなければ、どんなかたちでも敬意を表さなかった。ただ薪を背負って立っていたのだ。ナンシェル・ルーポはひどくプライドを傷つけられた。彼は人々から多大なる尊敬の気持ちを向けられることに慣れていたのに、少年は五体投地をする気配すらなかったからだ。彼はこの奇妙な少年に問いかけた。

ナンシェル・ルーポ「おまえはどうして私に対して五体投地をしないのだ？」

少年「太陽や月ならば、ありきたりの星に向かって五体投地する必要もないし、帰依する必要もない。大王は小王に向かって五体投地はしないもの。凡人に会釈する王などどこにもいない。偉大なる大乗の教えは、小乗の教え（注153）に帰依しない」

少年がナンシェル・ルーポに向かってこうした無礼な言葉を口にすると、ナンシェル・ルーポのプライドはさらにズタズタに切り裂かれ、いよいよ彼はこの少年の正体をいぶかった。

ナンシェル・ルーポ「おまえに教えを授けたのは誰だ？　おまえのラマは誰だ？　袋の中に入れておまえが持ち運んでいるものは何か？　どうしてこんなところで働いているのか？」

少年「ぼくのラマは存在するすべての顕現。ぼくが運んでいるのは思考。ぼくは召使のように働いている」

ナンシェル・ルーポ「もしも、おまえのラマがありふれた存在や顕現ならば、おまえにはラマがいないということなのだな。もしも、おまえが運んでいるものが思考ならば、おまえには欲望というものがないのだな。もしも、おまえが召使ならば、おまえには幸福も不幸もないということなのだな」

少年「もしも、智慧が体験として立ち現れてくるなら、ラマの手助けなどまったく不必要。もしも、自分の体験を信じることができるのなら、本性を妨げる欲望など存在しない。もしも、あなたが体験した通りに森羅万象が立ち現れてくるのならば、幸福か不幸を選択する必要などない」

少年がこうした言葉をナンシェル・ルーポに投げ返すと、ナンシェル・ルーポの怒りはみるみるうちに燃え上がった。

ナンシェル・ルーポ「おまえはよっぽど教えを授かっているようだから、わしと智慧比べしてみるのがいいだろう。明日の朝、わしは王に謁見しに行くつもりだ。おまえを呼び出して、王の御前で問答の勝負をすることにしよう。問答におまえが勝ったら、わしはおまえの弟子になってやる。わしがおまえに勝ったら、王がおまえに罰を下すだろう」

少年はこの言葉を聞いて、しばらくの間ケラケラと笑い続けたあと、次のような言葉を発した。

少年「問答と理論など、戯れや口げんかのようなもの。討論など狂気の沙汰」

ちょうどそのとき、ナンシェル・ルーポの施主が姿を現し、少年に向かって怒鳴り散らした。

施主「こら！ 家畜をどこにやった。ちゃんと家畜の世話をしろと言っただろう」

施主が少年に怒鳴り散らした瞬間、ナンシェル・ルーポはまるで頭を殴られたような強い衝撃を受けた。少年がありふれた子供ではなく、極めて研鑽を積んだ人物であることを悟ったのだ。そして、ナンシェル・ルーポと施主の二人は一瞬にして自分たちがとてつもない大罪を犯したことに気がついた。しばらくの間頭の中が真っ白になり、二人とも言葉を失った。すると、少年が虹の輪の中にまばゆいばかりの光の身体で現れたのを、ナンシェル・ルーポと施主は目撃した。ナンシェル・ルーポは自分が犯した罪を告白し、所有していたすべての黄金を空中に浮いている光り輝く少年に差し出した。

ナンシェル・ルーポ「どうぞこの黄金を受け取ってください。私があなた様に対して、つっけんどんに口汚く罵ったことを悔い改めます」

少年「私はタピリツァ。あなたがた二人のためにやってきた者。機が熟したので、あなたがた二人に教えを授けましょう。私は黄金などほしくはない。私にはそんな物は用なしだ。黄金を鳥にくれても無意味なのと同じこと。二人とも私の言葉に全身全霊をかけて耳を傾けなさい。これから教えを授けてやろう」

すると、二人は居住まいを正して教えに耳を傾けた。

タピリツァの教え

「本性は変わることなく作られることもない。何も作り変えることなどできない話。本性はただ単に自発的にあるから、自分自身で体験してみること。自己認識（注154）は隠しようがない。自己認識には思考も存在しなければ、分別も存在しないし、批判すべき欠点も存在しない。批判しようとしても、その批判はまるで役立たずで、自己解脱を遂げるだけ」

ナンシェル・ルーポは、この言葉がまさに自分のことを指していることを悟り、眩暈（めまい）がするほど深い衝撃に襲われた。そして瞬く間にあますことなく本性を悟ったのだ。

タピリツァはこんな教えを説いたのだよ。

（148）原語 sTag thabs seng ge'i brag

（149）原語 da rog mtsho

（150）この塩水湖はタチェ・ツァカ（原語 dra bye tshwa kha）と呼ばれていた。

（151）施主の男の名前はメルチュクポ・ユンドゥン・ギャルツェン（原語 sMer phyug po g.Yung drung rGyal mtshan）だといわれている。

（152）原語 khe'u rnyed legs

（153）大乗の教えと小乗の教えのそれぞれの原語は theg pa chen po と theg pa chung ngu

（154）原語 rang rig

ナンシェル・ルーポ

26. ナンシェル・ルーポ

ナンシェル・ルーポは経典『シャンシュン・ニェンギュ』の系譜を担う責任を務めることになった。彼はタピリツァにこの教えを文字に書き記す許可を求めた。さもなければ、この教えが消滅したり破壊されたり妨害を受ける危険があったからだ。ナンシェル・ルーポが生きていた八世紀は、ティソン・デツェン王がチベットを治めていた時代。このチベット王はグル・パドマサンバヴァをはじめとするインドの成就者たちをチベットに招聘した。身の毛もよだつほど残酷な迫害がボン教徒に対して行われた時代だった。ティソン・デツェン王はシャンシュン王国のリミギャ王を殺害し、シャンシュン王国はチベットに征服された。これ以降、シャンシュン王国が独立を勝ち得る日は二度と来ることはなかった。この古代王国は消滅し、完全にチベットに併合された。この困難な時代に、ナンシェル・ルーポは極めて強力な天空の神ニパンセを調伏し、説き伏せ、経典『シャンシュン・ニェンギュ』の教えを守る特別な護法神（注155）の役目を与えた。そして、今度はナンシェル・ルーポが唯一相承の教えを伝授する番になった。相応しい弟子をシャンシュン王国の隅から隅まで探し求めたのだが、たった二人の人物しか見つけ出すことができなかった。そのうちの一人が73歳のギャルシック・セーチュンであり、もう一人が3歳の子供だったムシェン・ツォケだった。もちろん、ナンシェル・ルーポにはたくさんの弟子たちがいたが、唯一相承の教えを授けるのは誰でもいいわけではなかった。ムシェン・ツォケは教えを授けるには幼過ぎたので、年寄りのギャルシック・セーチュンに教えを説くことにした。当時の成就者は護法神にお伺いを立てたり、さまざまな方法でその弟子の素行を調べたりすることにより、その弟子が教えの伝授に値するかどうかを見定めた。年寄りのギャルシック・セーチュンはチベット王の首席司祭（注156）を務めるほどの人物で、ボンの九乗に精通するほどの学識があり、特に密教に関して造詣（ぞうけい）が深かったので、唯一相承の教えを授かる下地ができていたのだ。

「本然の境地は物質性から離れている。実体がないのだ。それは思考や名称や言葉を超越している。本性に名前をつけようとしないこと。意識が間違いなく見極めることができるものなど何も存在しない。意識を集中することもやめ、瞑想することもやめることだ。名づけることをやめて、多くを語らないこと。本性は例えや作り話や物語や名称や言葉を超越している。お手本など探さないことだ。何か特殊なものなど見つけようとしないこと。なぜならば、本性は底なしだし、説明など不可能だからだ。シンプルにただありのままにしておくこと」

ナンシェル・ルーポがこの教えを年寄りのギャルシック・セーチュンに説いたところ、彼はこの教えを完全に吸収し、途切れることなく修行を続けた。そうしてさらに寿命が120年間伸びて（注157）、最後には虹の身体を成就した。

（155）原語 bon skyong または srung ma
（156）原語 sku gshen。ギャルシック・セーチュンは九世紀のラルパチェン王（原語 Ral pa can）の首席司祭であり、ラルパチェン王はティソン・デツェン王の孫だった。
（157）彼は370歳まで生きたと伝えられている。

ギャルシック・セーチュン

27. ギャルシック・セーチュン

すでにかなりの年寄りだったギャルシック・セーチュンは、まだ19歳になったばかりの若者だったムシェン・ツォケに次のような教えを説いた。

「ブッダは生まれることのない不生(ふしょう)だ。意識や言葉や行為といった原因から生み出されるものではないからだ。本然の境地を〝ブッダ（仏）〟と呼ぶべき理由もないし、〝生きもの（衆生）〟と呼ぶべき理由もない。本性は実体のない空性であり、穢れを離れた清浄であり、限界などないからだ。本性は〝ブッダ〟という名前も知らなければ、〝生きもの〟という名前も知らないから、生まれることもない不生で、死に絶えることもない不滅で、心や意識を持っているあらゆる生きもの（有情(うじょう)）と融合している。心や意識が宿るところには、どこでも本性がそこにある。本然の境地が生まれてくる源泉も存在しないし、今それがある場所には何も見つからない。本性を体験し悟ることができたとき、望みも疑念も消滅する。それはどこまでも広々として、何ものにもとらわれず自由で、まばゆいばかりに輝いている」

ムシェン・ツォケ

28. ムシェン・ツォケ

「本然の境地を、空性（注158）だとも輝きだとも呼ぶことはできない。そのことを顕現（注159）だとか見解だと呼んだとしても、何かが現れて目に見えるわけではない。それを空性だと呼んだとしても、空性を思考する意識などどこにも存在しない。本性の中をのぞき込んでも、空性は発見できない。本性が永遠で不変だと考えたとしても、執着したり知覚したりできるものが永久に存在するわけではない。それが虚無だと考えたとしても、やっぱり虚無が目に見えるわけではない。〝それはこんな感じ〞だと考えたり、概念を並べて表現したりしようとしても、何も知覚することもできなければ、何も説明することもできない。〝それは非本性だ〞とか〝知るべきものや見るべきものなど何も存在しない〞とか〝虚無だけが存在する〞と言うのならば、虚無論に陥るだろう。しかし、そうした思考をする意識などどこにも存在しやしない。本性は思考と言葉を完全に超越している。ただ、ありのままにしておきなさい」

まだ若者だったこの修行者はそのあと長生きし、最終的には虹の身体を成就した（注160）。

（158）原語 stong pa
（159）原語 snang ba
（160）伝承によれば、当時まだ若者だったムシェン・ツォケは171歳まで生きていたといわれている。

ムシェン・ツォタン

29. ムシェン・ツォタン

ムシェン・ツォタンが誕生したのも、教えを授かったのも、修行したのも、中央チベットの北西部にあるタンラと呼ばれる地域。彼が修行した場所(注161)は今でもはっきりわかっている。

「その見解にはそのものを直視する特別な方法など存在しない。あなたはそれを体験し、望むことからも疑うことからも離れる覚悟(注162)を決めなければならない。瞑想といったり瞑想ではない瞑想(注163)とかいったりして、何かに意識の焦点を当てたり、何かに執着したりしても仕方がない。この境地や本性は、意識でどうこうできるものではないからだ。何も執着しないようにするか、意識でいじくりまわさないようにすることだ。身体の活動、言葉の活動、意識の活動によって、本性を解き明かすことはできない。語るべき言葉もないし、なすべき行為もない。意識と思考のあらゆる束縛を解きほぐしなさい。そんなものはまったくわざとらしいものだからだ。ただ、あなたのリクパを可能な限り輝いたままにしておくこと、そのままにしておくこと。それがこの見解と修行の結果なのだ。本性は言葉や思考でどうこうできるものではない。だから、意識や思考、望みや疑念という束縛を断ち切ることだ」

(161)その場所はチベット語でシャン・シェルロン(水晶谷の先端)と呼ばれている。シャン・シェルロンの原語は shangs shel rong。

(162)この「覚悟」という言葉は、注123(99ページ)ですでに説明された「信じる」と同じ意味を指している。つまり、自分で悟ったゾクチェンの見解に対して揺るぎない自信を得ることを意味している。

(163)原語 sgom med

ムシュタム・チェンポ

30. ムシュタム・チェンポ（注164）

ムシュタム・チェンポのラマは、彼の親戚だった。タルゴ山（注165）の氷河の下に、シュタム洞（注166）とのちに呼ばれることになる洞窟があった。今日ではシュタムと呼ばれる本来の由来を人々は知らずに、異なる意味に解釈している。ショタムとは「サイコロ遊び」を意味するから、山に住む神々がサイコロ遊びをする場所（注167）だと地元の人々は語っている。

「心の本性には名前などない。これだとかあれだとか言うこともできないし、見せることもできない。あなたが体験した本性に疑念を持たないこと。何も変えず、何も作り変えないこと。願望を抱くこともなく、疑念を抱くこともするな。何もしないことだ。次に思考が湧いてきても、それを追いかけることもせず、それを変化させることもせずに、ただそのままにしておくこと。何も期待するな。ありのままにしておきなさい。それが本性というものだ」

（164）ムシュタム・チェンポの肖像がいくらか尋常ではないのは、金髪の姿で描かれているからだ。しかし、彼がシャンシュン王国出身だということを思い出せば、きっとそれほど驚くことでもないだろう。シャンシュン王国は、主に18部族から構成された連邦国だった。こうした部族がどういった民族だったのか、現時点では正確なことは何もわかっていない。シャンシュン王国はトハラ人の土地と国境を接していた。チベット人は彼らのことを「トカル（原語 tho gar）」と呼んでいて、たとえばトゥ（原語 bru）氏族のように彼らを源流としているボン教の氏族も存在する。だから、シャンシュン王国の人々の中には、インド・ヨーロッパ語族の血を引く人々がいたことは驚くべきことではない。トハラ人または月氏は白い肌と金髪をしていて、彼らの言語はいくぶんゲルマン民族の言語に近かった。シャンシュン王国やチベットのボン教文化と、トハラ人との間に考えられる相互影響についてのより詳しい情報は、Ermakov. *Bø and Bön* の pp. 8, 266, 272-273, 315, 713-714, 721, 726 を参照。

（165）原語 gangs rta sgo

（166）原語 shod tram phug

（167）おそらく原語は sho khram。本来は「サイコロのいかさま」という意味。

ムギャルワ・ロトゥー

31. ムギャルワ・ロトゥー

ムギャルワ・ロトゥーのラマであるムシュタム・チェンポは、ムギャルワ・ロトゥーの親戚だった。47歳まで、ムギャルワ・ロトゥーはタルゴ山中にあったラマの洞窟の麓で羊飼いをして暮らしていた。ある日、狼が彼の羊たちを食い殺してしまった。とりわけ数匹の羊はまだ生きていたのにもかかわらず腸がすべて腹から引き出されていたので、彼はとてつもない悲しみに襲われた。途方に暮れて、どうしたらいいのかわからなかった。もしも、羊たちを置き去りにして助けを求めに行ったら、狼がこの場に戻ってきて、残りの羊たちを殺してしまうだろう。

ムギャルワ・ロトゥーは自分の生業に嫌気がさし、洞窟で修行を続ける親戚の方がましな人生だと考えた。そこで自問してみた。「おれが修行者になってなぜ悪い？ いやいや羊飼いをしていたところで苦しいことや悲しいことばかりだ。いつだって狼がやってくるのだから、おれの仕事なんて役立たずだ」。そこで翌日、彼は仕事を放り投げて、ラマに会いに出かけ、尋ねた。

ムギャルワ・ロトゥー「おれにもあなたのような人生を送れるかい？」

成就者ムシュタム・チェンポ「おお、もちろんじゃとも」

ムギャルワ・ロトゥーはあらゆる人生の営みを捨て去り、教えを授けてくれるように常にラマに懇願し続けた。やっとのことで唯一相承の教えを授けてもらうと、残りの人生を修行に捧げた。そうして、今度は彼自身が成就者になった。人生のすべてを修行に注ぎ込み、虹の身体を成就した。しかも、さほど時間はかからなかった。

ムギャルワ・ロトゥーの教え

「いつでも人々は、心だとか意識だとかの話をしている。しかし、心の本性という根源に立ち帰ってみれば、心だとか意識だとか呼べるものは特に何も存在しない。なぜならば、まるで底なしだからだ。底なしのものを見つけて、それに意識と名づけたとしても、それはあなたの創作にすぎない。

錯誤に陥ることなく、リクパの輝きのまま、ただ本性に留まることだ。何を体験しても、ありのままにしておくこと。どんな感覚が生まれてきたとしても、気にせず、あとを追わず、調べない。そうして錯誤に陥らないことだ。実際のところ本性には錯誤に陥る要素など何も存在しない。底なしだから、本性には特に何も潜んでいないし、言葉に当てはめることができるものも存在しない」

弟子のプンチェン・ツェンポ「錯誤しないことだと説かれるのはなぜですか?」

成就者ムギャルワ・ロトゥー「錯誤というのは言葉の綾にすぎない。あなたが本性に向きあってみれば、錯誤もなければ、実体もないし、物質性もない。錯誤も非錯誤もそのもとになる底などありもしないことがわかるだろう」

弟子のプンチェン・ツェンポ「もしも、実体なしの底なしならば、あなたの説かれる錯誤や非錯誤や非物質性とはどんな意味があるのですか？　本然の境地には何が潜んでいるのですか？」

成就者ムギャルワ・ロトゥー「要するに、それについて話すことなど不可能だということだ。ただ、あなたが体験したリクパや輝きに留まりなさい。そして、そのままの状態でいなさい。あなたの本性にリクパの輝きが宿っていたとしても宿っていなかったとしても、何も変えず、何のあとも追わず、ただありのままにしておくこと。それがリクパの輝きか、それとも実体のない空性か、探索することなど重要ではない。まったくの底なしなのだ！　それが「法身の見解」（注168）と呼ばれるもので、それは生きものが創作したものでもないし、ブッダが作り変えたものですらない。それがブッダであれ生きものであれ、誰かが調整したり観想したり言葉で表現したりしたものだったとしたら、森羅万象は造りものになり、本性ならざるものになっていただろう。誰かの創作が仏性へ導くことはない。なぜならば、森羅万象は真実でもなく、最終的な真理でもない、まがいものや外的な要素に依拠することになるからだ。いつだって誰かの創作は誤りや錯誤へ導くから、そんなもののあとを追ったとしても仏性に到達することなど夢のまた夢」

弟子のプンチェン・ツェンポ「法身の見解とは何ですか？」

成就者ムギャルワ・ロトゥー「法身の見解とは法身は底なしだということ。根源などまったく存在しないからだ。リクパの輝き（注169）は言葉では説明できない。リクパが輝く本性が宿る場所など、どこにも存在しないからだ」

弟子のプンチェン・ツェンポ「それでは先生はどんな修行をしていらっしゃるのですか？」

成就者ムギャルワ・ロトゥー「私がどんな修行をしているのかは説明することができない話だ。言葉で表現することは不可能だからだ」

弟子のプンチェン・ツェンポ「思考が湧きあがってきたら、どのようにされているのですか？」

成就者ムギャルワ・ロトゥー「その思考を見つめてみることだ。その思考はどこに消え去るのだろうか？もしも、思考の行き先を見つけることができなかったら、思考をそのままにしておきなさい。思考をそのままにしておけば、思考は本性から分離していくことはない」

弟子のプンチェン・ツェンポ「この修行からどんな結果が得られますか？」

成就者ムギャルワ・ロトゥー「結果と言っても別段目に見えるわけではない」

弟子のプンチェン・ツェンポ「法身とはなんですか？」

成就者ムギャルワ・ロトゥー「法身は実体のあるものでもないし、見つけ出せるものでもない。たとえ話をすることすらできない。ブッダの見解は言葉では語れないものだし、見せることもできないものだし、考察することもできないものだし、執着することもできないものだ。心の本性はまったく意識で確認できるものではない。なぜならば、心の本性は底なし（注170）だからだ。底なしだから、探究することも、習得することも、執着することも必要ない。思考のあとを追わないことだ。追跡できる思考の痕跡など存在しないからだ。思考のあとを追わずに、どんな思考や顕現もさえぎることもなく、ただそのままにそっとしておくこと。本性は変化することもなく、生まれ変わることもない。望むことからも離れ、疑うことからも離れなさい。修行や瞑想に取り組むこともなく、執着することもなく、意識を働かせることもしないことだ。執着や愛着や意識の働きから離れて、本性を完全に自由かつむき出しにしておくのだ。これらを完全に手放しなさい。そのあとに残されているのが「ヘデワ」（注171）だ。「ヘデワ」を言葉で把握することは不可能だ。「ヘデワ」には実体がないから、「ヘデワ」に執着することもできない。同時に、それに実体があるのかないのか考える意識も存在しない。私が説いていることは何も特別なことではない。底なしということだ。本性である一切の土台（注172）は分割することができない。誰も何にも例えることさえできない。ただありのままにしておくこと。同様に何も語るすべがない。だから、ただありのままにしておくことだ。

今、私たちはブッダの見解について会話をしているが、それは単なる言葉にすぎない。実際には、本性の中にブッダの見解と呼ぶべきものが見つかるわけではない。たとえ修行したとしても、何かが見つかるわけではない。それは何とも名状しがたいものなのだ。

だとしたら何をすべきか？　何もしないことだ！

そうしたらどんな結果が得られるのか？　結果などまるでない。

ならば、あなたはどうしたらいいのか？　何ものにも頼らないことだ。そうすれば、本性は自発的に輝きだす。本性は輪廻にも依拠していないし、涅槃にも依拠していない。自発的なものなのだ。それは言葉や文字や思考を超越しているといえる。例えることもできないし、何らかの方法で提示することもできない。簡単にいえば、意識に映し出すことが不可能なのだ。本性は不生で不滅。生や死といった言葉が意味をなさない。本性は言語を絶し、想像を超えていて、ありありと輝いている。これこそがブッダの見解というものだ。これはすべての成就者たちが途絶えることなく修行し、完全な成就を実現したあらゆるブッダの見解の体験。連綿と続く系譜に連なる成就者たち一人一人の見解の心髄をあますことなく拾い集めた教え。すべての成就者たちが修行し、最終的な目的地に到達したゾクチェンのエッセンス。それを今こそあなたに伝授しよう」

この教えを伝授されたあと、プンチェン・ツェンポはカッコウの姿を現して飛びたち、大空または大楽（注173）の彼方に消え去った。

（168）原語 bon sku'i lta ba

（169）原語 rig gsal

（170）原語 gzhi med

（171）原語 had de ba。通常「ヘデワ」は「意識の呆然状態」や「完全に空っぽの意識」と翻訳される。それは何かに驚いて呆然としている状態や、重労働を終えた直後や目覚めたばかりのときに思考が空っぽになっている状態のことを指し示している。これは完全に空虚で思考から離れている状態なので、「欠如」とでも呼べる状態である。この状態は本然の境地とは無関係だ。その体験には輝きや明知が欠けているからだ。一方で、ここでいわれている「ヘデワ」は通常の用法とは異なり、説明不可能な本然の境地の性質を指している。

（172）原語 kun gzhi。この言葉もまた文脈によって意味が大きく異なる。ヨンジン・リンポチェがいつもそう翻訳しているように、ときにはアラヤ識（原語 kun gzhi rnam par shes pa）や蔵識と同異義語になることもある。アラヤ識、または蔵識は個人のあらゆるカルマの痕跡（原語 bag chags：習気）を貯蔵している意識だ。また他にも、森羅万象の土台である本然の境地を意味することもある。

（173）原語 bde ba chen po（サンスクリット語では Mahasukha）。大楽（たいらく）は「あらゆる苦しみや悲しみから離れた状態」のこと。ここでは本然の境地の完全な成就のことを言っている。

プンチェン・ツェンポ

32. プンチェン・ツェンポ

この成就者は際立って重要な人物だ。経典『シャンシュン・ニェンギュ』の教えをシャンシュン語に書き記すことをナンシェル・ルーポに許可したのはタピリツァ（本書147ページ）だった。プンチェン・ツェンポはその教えをチベット語に翻訳したのだ。彼は数人の弟子たちに『体験の伝授』の教えを伝えた。今、私たちが向きあっている教えが『体験の伝授』で、チベット語で『ニャムギュ』と呼ばれている。同時に、彼は経典『シャンシュン・ニェンギュ』の本体である『四つの教訓』の教えの系譜を受け継ぐ人物でもあった。つまり、『体験の伝授』『四つの教訓』の両方の系譜を受け継いでいたのだ。プンチェン・ツェンポは『四つの教訓』の教えを、西方のラダック近辺からはるばるやってきた弟子のグゲ・シェーラップ・ロデン（注174）に説いた。チベット出身のもう一人の弟子であるプンチェン・ルントゥップ・ムトゥル（注175）には『体験の伝授』の教えを授けたので、プンチェン・ルントゥップ・ムトゥルが『体験の伝授』の系譜の後継者になった。それから数世代の間、二つの教えは別々の系統に分離するようになった。だいぶ経ってから、二つの教えは成就者ヤントン・チェンポ・シェーラップ・ギャルツェンのところで再び一つに合流した（注176）。

プンチェン・ツェンポには二人のチベット人の高弟がいて、この二人の弟子たちに『体験の伝授』の教えを授けた。そのうちの一人の弟子がプンチェン・ルントゥップ・ムトゥルで、もう一方の弟子がシェンギャル・ラツェだ。ラマとなるプンチェン・ツェンポに出会うまで、プンチェン・ルントゥップ・ムトゥルは優れた能力を持つ密教行者だった。彼はラマに出会い、ゾクチェンの教えを伝授された。プンチェン・ルントゥップ・ムトゥルに授けられたのは唯一相承の『体験の伝授』の教えであり、『四つの教訓』（注177）ではなかった。

プンチェン・ツェンポの教え

「本性には実体がない。だから、輪廻など存在しない。あなたが体験しているどんな顕現もよくよく見てみれば、根本的に存在しているものなど何一つないことがわかるだろう。だから、涅槃といわれる何か特別なものが存在するわけではない。それでは、どんな修行や瞑想をすべきか？　それは特別何もしないこと。あなた自身の意識や身体などについていくら調べてみたところで、何一つ実体など存在しない。だから、何もするべきこともないし、何も努力すべきこともない」

ヨンジン・リンポチェの解説

ゾクチェンの教えの中で「何もするな」とか「何も存在しない」と説かれていても、一種のニヒリズム（虚無主義）だとは思わないことだ。一見するとゾクチェンの教えがニヒリズムに思えるかもしれないが、決してそんなことはない。ありきたりな意識の働きであるニヒリズムではすべてを否定する。一方で、そうした意識はゾクチェンの境地に執着したり、それを否定したり、それに働きかけることはできない。ゾクチェンの教えは真実の本性を説いているが、一方で私たちはゾクチェン修行者（ゾクチェンパ）であり、ゾクチェンの教えそのものではない。ゾクチェン修行者は日々の暮らしに気を配りながら、帰依や菩提心といったどれも不可欠な加行の教えを満遍なく修行し続ける必要がある。ゾクチェン修行者といえどもできるだけ功徳を積むことだ。ゾクチェンそのものと、ゾクチェン修行者は別物だということを忘れないことだ。

（174）原語 Gu ge Shes rab bLo ldan。序文と67ページに収録されている系譜図を参照。

（175）原語 dPon chen Lhun grub Mu thur

（176）67ページの系譜図を参照。

（177）原語 bKa' rgyud skor bzhi。つまり経典『シャンシュン・ニェンギュ』の本体である四つの根本経典。

プンチェン・ルントゥップ・ムトゥル

33. プンチェン・ルントゥップ・ムトゥル（注178）

プンチェン・ルントゥップ・ムトゥルはかなり優れた密教行者で、大部分の時間を密教の修行に費やしていた。このゾクチェンの教えを授けられていたのにもかかわらず、密教で得られる成就の法力にばかり気を取られ、十分にゾクチェンの修行に集中していなかった。彼は牛や羊や山羊などと一緒に暮らす遊牧民だった。彼の家畜のうち一頭の白い山羊がすべての動物の世話をして、一頭の白いディ（メスのヤク）がすべてのヤクの世話をした。そのように密教の修行から得た法力のおかげで、誰も人を雇う必要がなかった。動物たち自身で動物の世話をしていたというわけだ（注179）。プンチェン・ルントゥップ・ムトゥルの暮らしぶりとはこうしたものだった。その人生の終わりに彼は消え去ることなく、身体を残したまま死んでいった。死の直前に、自分のラマがカッコウの姿で飛び去ったことを思い出していた。一方で、プンチェン・ルントゥップ・ムトゥル自身のゾクチェン修行は未熟で、すでに時遅しだということを悟った（注180）。それでもやはり彼は極めて強力で有能な密教行者だった。

ヨンジン・リンポチェの解説

かつて、プンチェン・ルントゥップ・ムトゥルはプンチェン・ツェンポからこの『体験の伝授』の教えを伝授されたことがあったが、真剣にその修行に取り組まなかった。彼は主にシャンシュン・メリの密教の教えを修行していた。この世を去る前、次の三点について望みを絶たれたとプンチェン・ルントゥップ・

ムトゥルは語っている。

1. 集中してゾクチェンの修行に取り組まなかったこと。それが修行上の誤り。

2. 密教の修行から得た法力を得意になって見せびらかしていたこと。それでは不十分だったので、プンチェン・ルントゥップ・ムトゥルは絶望した。

3. 生きがいのある人生を送り、密教行者ではなく優れたゾクチェン修行者になりたかったこと。プンチェン・ルントゥップ・ムトゥルはゾクチェンだけでなく密教の修行もして、強力な密教の法力を手に入れていた。法力により彼は有名になり、たくさんの人々が彼の元を訪れた。傲慢になりいくぶん人生を台無しにした。そのことを彼は深く後悔した（注181）。

「私はとても貴い教えを授かったのに、十分に修行をしてこなかった。今となってはもう手遅れだ」とプンチェン・ルントゥップ・ムトゥルは自分の心の内を打ち明けたという。この三点について彼は望みを絶たれたのだ。（中略）プンチェン・ルントゥップ・ムトゥルのこの気持ちは素直なものだった。今日のラマたちはこんな弱音を吐いたりしない。大昔のこの成就者は本当に正直な心の持ち主だった（注182）。

（178）この成就者もまた、ほとんどブロンドのような金髪の姿で描かれている。その理由は、ムシュタム・チェンポのところですでに説明したことと似ている。一つ違うのは、この成就者は本物のチベット人なのだが、一般的に今日のチベット人はブロンドの髪と無関係だということだ。歴史の観点からプンチェン・ルントゥップ・ムトゥルの肖像を読み解いていくことができる。クリストファー・ベックウィズ著『中央アジアのチベット帝国：中世初期のチベット人とトルコ人とアラブ人と中国人による勢力をめぐる戦い』(プリンストン大学出版、1987年)の6ページ目には以下の通りに記述されている。「原チベット人に深刻な影響を与えたものは、中国の文献で小月氏(Hsiao Yüeh-chih)と呼ばれる大月氏(Ta Yüeh-chih)の支系の人々の移住だった。紀元前2世紀に匈奴に敗れたあと、大月氏はバクトリア王国に移住するようになり、一般的にトハラ人と見なされるようになった。ギリシャの文献によれば、トハラ人はちょうど当時、バクトリア王国に侵入し支配したと記述されている。小月氏の中でも移動することができなかった人たちは、その代わりとして南山地方に移動した。そこで彼らは羌族と混じり合い、習慣も言語も羌族に倣うようになった」。また同書の7ページ目には「中国の歴史書には、中国人に敗退したあと羌族の一部はチベットの奥地へと逃走したと記録されている」とされている。このことから初期のチベット人たちが、羌族とトハラ人が混成した集団の流入を受けたことは明らかだ。このことは言語学上の証拠によってもさらに裏付けられている。同書の4ページ目の脚注3には、「チベット語の母音体系にはゲルマン人の言語の痕跡が強く感じ取れる。同時に、こうした特徴は分岐することが多いインド-チベット語派のグループとの関連性を指し示している。しかし、他の特徴の中でも(特に現代のチベット語の口語に見られる)膠着語[それ自体で意味を持つ名詞や動詞に、それ自体は意味を持たない助詞などが付着することによって文章が成り立つ言語のこと]独特の文法構造はチベット語と、アルタイ諸語として括られている諸語族との関係性を指し示している」と記述されている。原インド-イラン語派の語彙はおそらく、アーリア人の移住のときにもたらされたもっとずっと古い影響と、青海チベット高原中にもともとから広まっていたさまざまな種類のボン教から生まれたものなのかもしれない。このように、プンチェン・ルントゥップ・ムトゥルが金髪をしていたのは、インド・ヨーロッパ語族に属すトハラ人がチベット民族にその遺伝子をもたらしたことによって説明することができる。詳しくは注164(165ページ)を参照されたし。

(179)プンチェン・ルントゥップ・ムトゥルは白い山羊をニパンセに、白いディ(メスのヤク)をメンモ・

クマザに献納した。ニパンセとメンモ・クマザはゾクチェン経典『シャンシュン・ニェンギュ』と密教経典『シャンシュン・メリ』の重要な護法神である。

（180）プンチェン・ルントゥップ・ムトゥルは虹の身体を成就しなかった。プンチェン・ルントゥップ・ムトゥルの前まで、経典『シャンシュン・ニェンギュ』の系譜に連なるすべての成就者たちは虹の身体を成就していた。プンチェン・ルントゥップ・ムトゥル以降から、虹の身体を成就した成就者もいれば、虹の身体を成就できなかった成就者もいた。ある成就者たちが虹の身体にならなかったといっても、極めて優れた悟りに到達していたことには間違いない。だからヨンジン・リンポチェは経典『ニャムギュ・ディンポ・ソルシャク』という『体験の伝授』の中編バージョンの法話中に、「プンチェン・ルントゥップ・ムトゥルのことをありきたりな密教行者だと思ったり、それほどでもないゾクチェンの成就者だとは思ったりしないことだ。私たちよりもはるかに優れた修行者だからだ」と説いている。（Namdak,Yongczin Lopön Tenzin Rinpoche. *Dringpo Sorzhag,Chapter II: The Clothes, Pith Instructions of Zhang Zhung Nyen Gyud Masters, Blanc, 15th-17th September 2002,* Trnscr. & ed.Carol Ermakova and Dmitry Ermakov〈Blou, Shenten Dargye Ling, 2006〉, Week 3, p. 65）

（181）同書の Week 3, pp. 60 -61 からの抜粋。

（182）以下の書籍からの引用。Namdak,Yongdzin Lopön Tenzin Rinpoche. *Teachings on Zhang Zhung Nyen Gyud and Namkha Truldzö, Vimoutiers,24 August -11 September 2004,* Trnscr. & ed. Carol Ermakova and Dmitry Ermakov（Blou, Shenten Dargye Ling, 2006）, Dringpo Sorzhag: Chapters VI - VII, pp. 53-54（p.44 Second Edition）

シェンギャル・ラツェ

34. シェンギャル・ラツェ

シェンギャル・ラツェはチベット人で、チベット仏教ニンマ派のラマであるスルポチェ・シャキャ・ジュンネーと同時代の人物だった。二人は親しい友人だった。12歳か13歳のときに母親が他界したあと、まだ少年だったシェンギャル・ラツェは継母のせいでつらい目にあった。長い間我慢に我慢を重ねたあと、ついに怒りを爆発させた。家に住むことに耐え切れず、家を飛び出し、継母を懲らしめるために呪術を学びに出かけた。チベット中を放浪していたある日、サイコロ遊びに興じている人々の姿が目に入った。少年は立ち止まり、そのようすを見物することにした。そこにいた人々が食べ物を恵んでくれたので、少年はしばらくの間その土地に留まることにした。人々は少年がどこに行くつもりなのか尋ねたが、その質問には答えなかった。逆に、その土地に強力な法力を持った呪術師が住んでいるかどうか、少年は人々に尋ねた。そこはちょうど中央チベットの西部。ばくち打ちたちは、とても強力で有名だったプンチェン・ルントゥップ・ムトゥルのことを少年に話した。そこで少年はその成就者に会いに出かけることに決めたのだったが、人々が少年のその計画を耳にするや否や、注意するように警告した。その成就者は恐ろしく獰猛な犬を何匹も飼っていて、その犬に食い千切られてしまう危険があるとのことだった。恐れ知らずの少年はその成就者のところに出かけた。ばくち打ちたちの助言に従い川まで降りていき、成就者の奥さんが水汲みにやってくるのをひたすら待つことにした。しばらくすると、本当に成就者の奥さんが水汲みに姿を現した。こうして少年は奥さんに出会うことができた。奥さんは、少年がどこに行くつもりで、何がほしいのか次々と問いを投げかけた。少年は「強力な法力の成就者がいるという噂を耳にしたんだ」としか答えなかった。

成就者の奥さん「その通りよ」

少年「どうやったらお会いできますか？」

奥さん「ちょっと手伝ってもらえないかしら？」

少年「お安い御用だ！」

少年シェンギャル・ラツェはそう答えて、奥さんの手伝いをすることを約束した。

奥さんはこの少年を家まで連れていき、働かせることにした。少年が奥さんの家に到着したとき成就者はあいにく留守で、奥さんと数人の召使たちがいただけだった。プンチェン・ルントゥップ・ムトゥルに会えぬまま、少年は数日間額に汗をかいて働いた。しかし、それ以上いたたまれなくなり、強力な法力を持っているという成就者プンチェン・ルントゥップ・ムトゥルがいる場所を聞き出そうとした。

奥さん「そうだわ！ラマはいつも自分のラマに会いに山に行くの。でももうすぐ帰ってくるわ」

少年はより一層労働に精を出した。しばらくすると成就者が山から降りてきた。

プンチェン・ルントゥップ・ムトゥル「いったい私に何の用があるのだ」

少年「継母を懲らしめてやりたい」

プンチェン・ルントゥップ・ムトゥルは少年にある密教の修行方法を教えたので、少年はますます家の仕事に精を出した。プンチェン・ルントゥップ・ムトゥルが再び山に戻ると、ラマであるプンチェン・ツェンポがプンチェン・ルントゥップ・ムトゥルを問いただした。

プンチェン・ツェンポ「おまえのところに黒魔術を習いたいという小僧が来ていないか？」

プンチェン・ルントゥップ・ムトゥル「はい、おっしゃる通りです。小僧が一人来ています」

プンチェン・ツェンポ「その小僧はゾクチェンの修行をさせる弟子にぴったりだ。ここに連れてきなさい」

プンチェン・ルントゥップ・ムトゥルが次に山に行くときが来た。彼は少年に向かって命じた。

プンチェン・ルントゥップ・ムトゥル「私のラマがおまえを山に連れてくるようにおっしゃっている」

二人でプンチェン・ツェンポに会いに行くことにした。プンチェン・ツェンポは常に山の中をあちこちに移動しながら暮らしていた。少年に出会うと、プンチェン・ツェンポは次のように問いかけた。

プンチェン・ツェンポ「おまえは、いったい何がしたいのだ」

少年「継母をやっつけるための強力な呪術を習いたいんだ」

プンチェン・ツェンポ「継母をやっつけるなんぞ他愛もない。赤子の手をひねるようなものだ」

そうしてプンチェン・ツェンポは少年にゾクチェンの修行方法を教え始めた。少年は一心不乱に教えを学び、瞑想修行に没頭した。そうしてついにゾクチェンの教えが説いている本性を見つけ出すことに成功した。ラマはこのまだ若い弟子に問いかけた。

プンチェン・ツェンポ「さて、おまえさんの継母はどんな姿に見えるかね？」

少年「はい、継母を見失ってしまいました！もう継母をやっつける必要はなくなりました」

プンチェン・ツェンポ「私も敵なんぞというものは同じようにしてやっつけたもんだ！」（注183）

少年はそれ以上何も言わずに、ただ途絶えることなくゾクチェンの修行を続け、もうそれ以上継母のことを気にかけることもなかった。

プンチェン・ツェンポがシェンギャル・ラツェに説いた教え

「本然の境地には、基盤や底や根源など存在しない。それを名づけたりしないことだ。森羅万象が外界に存在するとは考えないことだ。顕現のあとを決して追わないこと。本性には側面もなければ区分もないのだから、分割しようとしないことだ。法身の教えには偏りもなければ、顕現も存在しないし、名前もない。こっち側、あっち側、私の方、あなたの方といった具合に方向性を設けることはできない。これこそがあらゆるブッダの教え。ブッダの本性を説いているこの教えは、ブッダでさえもより優れたものに作り変えることができないし、最も賢い生きものでさえ修正を加えることができない。本性の中には物質的なものや目に見えるものや指差しできるものなど存在しない。それがブッダの教えだ。ブッダの教えとはまさに本性のことで、それをあなたに見せてあげることもできないし、描写してあげることもできない。この境地はただ実体のない本性と呼ぶことができるだけ。意識では知ることができないから、意識を通してそれを把握しようとは思わないこと。本性にどんな名前も当てはめたりしないことだ」

シェンギャル・ラツェは自分の体験を通して、その意味を自発的に悟ることができた。しかし、彼は自分の体験に手を加えることもできなかったし、それを人に見せることもできなかった。彼は自分のラマであるプンチェン・ツェンポにこのことを説明した。するとプンチェン・ツェンポは次のように答えた。

プンチェン・ツェンポ「それは自己認識の原初の智慧（注184）というものだ。誰もこれよりも優れた智慧の修行はできないし、おまえさんがどんなに修行に打ち込んだとしても、本性をより優れたものにすることなどできない。ただ、安定していくだけ。おまえさんがもっと修行に打ち込めば、この境地自体は何も変わらないが、より長い時間そこに安定して留まれるようになれる。本性は決して好転することもないし、悪化することもない。意識（注185）によって働きかけることができないものなのだ。特に目に見えるものが存在するわけではないし、意識は本性へと自己解脱していく。瞬く間に意識は姿を消していく。一時的に本然の境地が自発的に顕現するが、その顕現のあとを追っても、おまえさんは何も実体を見つけ出すことはできないし、どんな結果も得られない（注186）。その結果、何もする必要がないし、どんな物体も使用する必要がない。つまり、森羅万象は実体のない姿である空身（注187）［どんな姿かたちや音や匂いや味や肌触りが顕現しても、それは実体のない幻だという意味］なのだ。

本性は誕生知らずの消滅知らず。誕生も消滅も関係なし。なぜならば、本性は常に変わることがないからだ。この本然の境地は作り変えられることもなければ、発達していくこともない。その結果、一切の土台である本性が何かを目に見せてくれるわけではない。それこそがゾクチェンの大いなる教えなのだ。ただ、できるだけ長くこの教えの境地に留まり、その状態を安定させること。それが瞑想だ。おまえさんの修行を安定させること。それこそが修行によって得られる結果だ。何も期待しないこと。ときには思考が自発的に湧いてくるだろうが、そのあとを追わないこと。そうすれば、思考は跡形もなく消え去る。思考が自発的に現れてきても、疑念を持つ必要もないし、恐れる必要もない。思考が問題になることはない。その境地はこちら側知らずのあちら側知らず、味方知らずの敵知らず。だからあとを追わず、何も調べないこと。どんな思考が湧いてきてもそっとしておけば、跡形もなく消え去っていく。ひとたび思考が消え去ってしまえば、それがどこに消えたのか、どんな痕跡を残したのか調べる必要はなくなる。確認も思索もいらない。主体と対象の二元性も存在しない（注188）。リクパ（注189）には後ろ盾がなく、リクパはただむき出しのまま輝く。それが仏性なのだ」

シェンギャル・ラツェはラマであるプンチェン・ツェンポからこの教えを授かると、継母が敵だと憎む気持ちは完全に自己解脱し、その憎悪の気持ちが自分と仲良しの友人に変わった（注190）。

ひとたびこの教えを授かると、シェンギャル・ラツェはいつも山中のいろいろな場所に移動しながら修行を続けた。ある日、遊牧民の男（注191）がタンラ湖に近いタルゴ放牧地で羊を見張っていたとき、男は見知らぬ少年に出くわした。その少年は素足で、持ち物といえば人間の頭蓋骨でできた杯だけを入れた袋のみ。身につけている服装はいかにも貧しかった。驚いたことに少年は裸足のままで山中を歩き回っていたのだ。この少年はシェンギャル・ラツェその人だった。

遊牧民の男「おまえはどこからやってきたのだ？」

少年「どこからということもないよ」

遊牧民の男「どこへ行くつもりで、どこに寝泊まりしているのだ？」

少年「どこかに行くわけでもないし、どこにも寝泊まりしていないよ」

遊牧民の男は腰を抜かすほど驚いた。目の前にいる少年がひょっとすると達人のヨガ行者（注192）ではないかと思ったのだ。少年に自分の食べ物を差し出したのだが、少年は何も受け取ろうとはしなかった。そこで遊牧民の男は、自分が履いていた靴をその見知らぬ少年に差し出そうと考えた。

遊牧民の男「あなたは靴を履いていません。どうぞ、わしの靴を使ってください」

少年「いらないよ。自分の靴は自分で持っていた方がいい。あなたの靴をぼくがもらって履いたとしても、いつか靴が擦り切れたら、どうしようもなくなる」

遊牧民の男「それならわしの家がありますから、どうぞいらしてください」

少年「いえ、それには及ばないよ。ぼくはまるで野生動物みたいなもの。人里まで降りていくことなんてできないさ」

遊牧民の男は、家を飛び出し継母を懲らしめるための呪術を探しに出かけたという少年の話を聞いたことがあった。それが目の前にいるこの少年だと考えた彼は、少年を捕まえて自分の家に連れていき、祈祷室に閉じ込めた。遊牧民の男は裕福だった。捕虜さながらに閉じ込めた少年に向かって言い放った。

遊牧民の男「ここに住み込みなさい。おまえが必要とするものは食料でも何でもわしが提供しよう」

少年「でも、ぼくは病人だよ（注193）。きっとあなたに病気を移してしまう。だから放っておいてくれ」

遊牧民の男「そういうわけにはいかない。わしはおまえをこの祈祷室に閉じ込めるのだ。おまえはここで修行をするのだ。どこにも行かせはしない」

こうして遊牧民の男はシェンギャル・ラツェを養い、自分の祈祷室で修行させた。そうしている間に村で寄り合いが持たれた。その寄り合いに遊牧民の男が姿を現すと、村人たちに向けて語りだした。

遊牧民の男「わしは山でプンチェン・ツェンポの弟子を捕まえた。呪術を身につけようと家から逃げ出した小僧だ。うまいことにわしが小僧を見つけたのだ。小僧は閉じ込めたままにして、絶対外に逃がすものか」

そして遊牧民の男は、シェンギャル・ラツェがお籠り修行小屋を作る手伝いをした。その場所は今でもタンラ地方に残っている。お籠り修行小屋自体は破壊されてしまったが、現在では小さな僧院として再建され、洞窟でお籠り修行した修行者の名にちなんでユンドゥン・ラツェ僧院（注194）と呼ばれている。成就者シェンギャル・ラツェはチベット仏教ニンマ派のスルポチェ・シャキャ・ジュンネーと同時代の人物で、その二人は友人だった（注195）。

シェンギャル・ラツェの弟子はロムティン・ラゴム・カルポだ。彼はとても学識の深い人物だった。ボン教のすべての学問をいよいよ修了するときに、ロムティン・ラゴム・カルボは学位（注196）を授かる式典に使用する供物をいくらか入手する必要があった。そこで彼は糖蜜（とうみつ）を馬の背中に乗せて運搬し、それを売るか交換するかして、学位を祝賀するためのバターを手に入れようとした。その旅の途上のある場所で、ロムティン・ラゴム・カルボは一夜を明かすことになった。その夜、人々が近くの洞窟に住んでいる成就者について噂話をしているのが聞こえた。その噂話を耳にするや否や、ロムティン・ラゴム・カルポは深い帰依の気持ちに圧倒され、わっと泣き出した。彼はその成就者に会いに行こうと決心した。まだ夜も明けきらぬうちに、同じ場所で夜を明かした他の旅人たちが旅支度を始めると、その物音でロムティン・ラゴム・カルボは目を覚ました。彼は旅人たちに問いかけた。

ロムティン・ラゴム・カルポ「みなさんは、これからどこに向かうのですか？」

旅人たち「とても風変わりな成就者に会いにいくつもりだ。その成就者というのは、この場所からさほど遠く離れていない洞窟に住んでいる」

ロムティン・ラゴム・カルポ「私が同行してもいいだろうか？」

旅人たち「よかろう。だが一つ忠告をしておくと、成就者はおまえを受け入れてはくれないだろう」

ロムティン・ラゴム・カルポ「成就者はきっと私を受け入れてくれるはずだ。なんといっても、私には深い帰依の気持ちがあるからだ」

ロムティン・ラゴム・カルポが手早く鞄を馬に乗せ終わると、彼を含む一団は成就者が住む洞窟に向けて出発した。洞窟に到着すると、成就者の姿が目に入った。すると瞬く間にロムティン・ラゴム・カルポの心の中が帰依の気持ちでいっぱいに満たされたので、彼は灌頂か教えを授けてくれるように成就者に懇願した。

成就者「それでは特別な灌頂を授けてやろう」

そう言いながら、成就者は自分の両手をしばらくの間ロムティン・ラゴム・カルポの頭の上にのせた。

成就者「私の両手からおまえの頭に熱が伝わっているのがわかるか？」

ロムティン・ラゴム・カルポ「はい、伝わっているのがわかります」

これが灌頂だった。

ロムティン・ラゴム・カルポは成就者がいるその場所に留まる決心をしたので、自分の馬を成就者に贈った。この成就者こそシェンギャル・ラツェその人だった。シェンギャル・ラツェは召使に命じて、その馬を自分の目の前まで連れて来させた。自分の口を馬の耳に近づけ「おまえのご主人様はおまえを私に譲ったのだよ。これからおまえは私のところにいなければならん」と話した。それ以来、その馬は決してシェンギャル・ラツェのそばから離れることがなかった。

シェンギャル・ラツェがロムティン・ラゴム・カルポに説いた教え

「対象やあらゆる顕現や目に見えるものをじっくり調べてみたところで、自立した存在や実体のあるものなど何も発見することはできない。だから、瞑想対象も存在しなければ、修行対象もまったく存在しない。自立した存在など何一つないことを悟れたら、おまえは何も望む必要はなくなるし、何も疑う必要がなくなる。よどみなく、ただ本性に留まり続けること。

あらゆる対象は根なしで底なしだから、意識が知覚できるものなど何も存在しない。本性はどこにも留まることがないし、おまえがその在りかを指し示すこともできないし、知ることもできない。もしも、おまえが何も知覚することなく、何も知ることがなければ、結果を得ようと望むこともなくなり、失望に陥ることもなくなる。ただ、むき出しになった本性があるだけ。

本性とはこんなものだと私は理解している。私の言葉をおまえが飲み込むことができたら、修行を続けることだ。そうすれば体験がもたらされるだろう。それこそが重要だと私は考えている」

（183）つまり、ゾクチェンの教えを悟ることにより、「敵」や「友」というようなあらゆる概念をその根源へと自然に融解させたのだ。「やっつける（destroy）」とはそのことを意味している。

（184）原語 rang rig ye shes

（185）原語 sems

（186）ここでは本然の境地の輝きの側面について語られている。輝きが顕現として現れてきたら、それは光明の修行がうまくいっている証拠だ。

（187）原語 stong gzugs

（188）原語 gnyis med。この言葉は不二、または非二元を意味している。

（189）原語 rig pa

（190）あますことなくゾクチェンの教えを悟った人ならば、何もその人を邪魔することなどできない。善いものも悪いものも、あらゆる現象や思考や煩悩もその人と仲良しの友人に変わる。なぜならば、それらはどれも本然の境地の姿を教えてくれるからだ。

（191）彼はキバル家（原語 skyid 'bar）三兄弟の一人で、シェンギャル・ラツェのスポンサーになった。

（192）原語 rnal 'byor pa

（193）シェンギャル・ラツェは自分がハンセン病だと嘘をついたのだ。

（194）かつてユンドゥン・ラツェ僧院（原語 g.yung drung lha rtse'i dgon pa）は、シェンギャル・ラツェが修行していた洞窟の近くに創建されていた。のちにヨンジン・リンポチェの要請により、その僧院は再建された。

（195）「リクパのカッコウ」の項（本書52ページ）を参照。

（196）この学位は今日のゲシェー（原語 dge shes kyi go gnas、仏教博士）、または宗教学博士に相当する。その式典は非常に手間がかかる上に、豪勢なものだった。

ロムティン・ラゴム・カルポ

35. ロムティン・ラゴム・カルポ

「誤りには次の六種類が存在する。

その一、見解が不安定。だから、あなたはまるで常に風にもてあそばれる鳥の羽のよう。

その二、本性と融合すべき行為が、はじめのうちはいつも邪魔ばかりする。瞑想が仕事の邪魔になる。仕事が瞑想の邪魔になる。だから、あなたはまるで翼の折れた鳥のよう。

その三、瞑想しても何も体験が現れない。特に何も見えたりしない。だから、あなたはまるでむなしく大空を見つめているよう。

その四、教えの道に入ったり修行を始めたりしても、特に語るべき言葉もなければ、やらなければならないこともない。だから、あなたは草原の中にぽつんと取り残された盲人のよう。

その五、どんな言葉を話しても、その言葉は本物の意味に届かない。だから、あなたはおしゃべりなオウムのよう。

その六、どんなに頭をひねっても、特に何も結果は得られない。だから、あなたは計画ばかり考えて何も実行しない貧しい女のよう。

以上六種類の例をあげたが、こんな風な瞑想にしないこと」

弟子のングートゥップ・ギャルツェン・リンモが、ラマであるロムティン・ラゴム・カルポに尋ねた問い

ングートゥップ・ギャルツェン・リンモ「こうした六種類の誤りに陥らなかったとして、次に私はどうしたらいいのでしょうか？」

ロムティン・ラゴム・カルポ「果てしなく中央もなく側面もない天空のような教えを維持しなさい。その境地は自発的に輝いている。行為（注197）については、後ろ盾から離れながらなんでもやってみなさい。いつでも何でも本性の修行と融合してみなさい。あなたの智慧は常に偏りから離れて輝くだろう。どんなことをしているときも、何もかも本性と融合してみなさい。それが教えの意味なのだ。

本性の修行に取り組み、本性を悟る手段とは、自分の身体や他人の身体を見てみること。よくよく調べてみても、どこにも実体を発見できないはずだ。それでもやはり、十善（注198）の教えを無視したり見限ったりせずに、十善の教えを本性と融合させなさい。十善すべてを瞑想と融合する修行をして、それを実現することができたら、あなたは大いなる方便を手に入れたことになる。

言葉や思考の影響から離れ、何かのあとを追うこともなく何かを信じたりすることもなく、本性との融合に励むことだ。それこそが教えのエッセンス。絶え間なく本性に留まり、本性に取り組む修行をしなさい。少しずつかもしれないが、あなたは自らを照らし出す自己認識の原初の智慧（注199）を成就できるはずだ。

あなたに本然の境地がむき出しになって現れてきたら、修行と瞑想と体験が一つになるだろう。この修行をもっと続けていけば、深遠な瞑想体験が現れ、あますことなく本性を自分で発見することができる上、満足と幸福がもたらされる。

これが瞑想を安定させる方法だ。それは先ほど説いた六種類の誤りに従わないという意味。この六要点を心に留めて、修行に邁進しなさい」

再びラマであるロムティン・ラゴム・カルポが、弟子のングートゥップ・ギャルツェン・リンモに語りかけた言葉

ロムティン・ラゴム・カルポ「見解においても、瞑想においても、行為においても（注200）、どこにも意識を集中せずに、何も執着しないようにしなさい。ただ、本性に融合するようにして修行することだ。どこにも意識を集中せずに、あらゆるものや虚無に執着しなければ、それこそが瞑想。それは大海に例えることができる。欲望にも執着にも思考にも囚われずに、本性に留まること。それこそが教えの見解なのだ。もしも、外界の対象に欲望するのならば、それは本性から離れた二元的なあなたの欲望なのだ。だから、そのあとを追わないこと。

本性の方に向いていれば、特にすべきことは何も存在しないし、追いかけるべきものも止めるべきことも何も存在しない。森羅万象をゆったりとそのままにしておきなさい。そうすれば、輝く貴い黄金の太陽のようになるだろう。本性に親しむことができれば、何かを授かろうとする望みや願望が消え去る。法身に出会うとはこのことだ。それは、あなたが思考という炎を浄化できたということ。炎を浄化できたら、欲望という煙はもはや存在しない。こうして太陽のような光明（注201）がまばゆいばかりに輝き、アラヤ識（注202）の無明が姿を消し去るだろう。あなたは途切れることのない瞑想修行を体験し、それに馴染めるようになる。生老病死から自由になるのだ。さらに錯誤と思考の種子が極限まで浄化される。あなたはもはや輪廻の世界に戻ってくる必要がなくなり、本性に備わる帰依の気持ちが揺るぎなくなる」

（197）原語 spyod pa

（198）原語 dge ba bcu。十善とは①生命を守ること。②布施の気持ちを持ち、他人の物を奪取しないこと。③罪深い性交渉を避けること。④正直に話すこと。⑤噂話にふけらずに、マントラやお祈りを唱えること。⑥やさしく話すこと。⑦協調と調和になるように語りかけること。⑧他人の成功を喜ぶこと。⑨誰に対しても愛情の気持ちを持つこと。⑩教えや習慣に沿った正しい考えを持つこと。

（199）原語 rang rig rang gsal

（200）原語 lta ba, sgom pa, spyod pa, 'bras bu。見解、瞑想または修行、行為または活動、結果。

（201）原語 'od gsal

（202）原語 kun gzhi rnam shes

ヨンジン・テンジン・ナムタク・リンポチェ

現在この系譜を継承する
ヨンジン・テンジン・ナムタク・リンポチェ

テンジン・ナムタクは１９２６年に、東チベットのカムニ地方（注２０３）のキュンポ（注２０４）という土地に住む遊牧民の家庭で産声を上げた。幼少期の暮らしぶりは貧しく、７歳になると最寄りのテンチェン僧院（注２０５）に通い、文字の読み書きを習得した。おじのツェリン・ヤン・ペルと母方の祖父は有名な仏画師だった。テンジン・ナムタクが13歳または14歳になったとき、おじと一緒にユンドゥンリン僧院（注２０６）に出かけ、新しく建てられたお堂の壁画を描いた。その仕事が終わってもテンジン・ナムタクはその僧院から離れることを拒み、さらに滞在を続けて完全な具足戒［正式な出家者が守るべき規則のこと。僧侶は２５０種類、尼僧は３６０種類の戒を守らなければならない］を授けてもらい、出家僧侶になった。

テンジン・ナムタクが自分のラマであるサンギェー・テンジンに最初に出会ったのは、まだテンジン・ナムタクが10代の頃のことだった。それ以降、この師弟は異なる場所で何度も顔を合わせることになった。まだ若かったテンジン・ナムタクがガンル・リンポチェ（注２０７）に師事しながらお籠り修行をしていたナムツォ湖（注２０８）で出会ったこともあった。ガンル・リンポチェはユンドゥリン僧院の前学頭（ロプン）を務めたラマだ。テンジン・ナムタクはナムツォ湖の洞窟で四年間ガンル・リンポチェと寝起きを共にしながら、修行と学問に没頭した。この期間中に彼は経典『ゾクチェン・アティ』の教えの伝授を習得しただけでなく、占星術と薬学と詩学と文法学と作文学などの学問や技術（注209）と、仏塔（注210）と仏像とマンダラなどを作製する比率や魂を入れる開眼供養のやり方を習得した。当時は貴重だった紙を入手できなかったので、彼は地面に書いた文字を何度もなぞって教えを暗記した。

サンギェー・テンジンがボン教の総本山メンリ僧院の学頭に任命されてから、テンジン・ナムタクはこのラマのもとで寝食を忘れて学問に没頭した。それは彼が24歳のときのことだ。数年後の27歳か28歳の頃から、彼に対して経典『シャンシュン・ニェンギュ』の中心的な教えの伝授が開始された。彼のラマであるサンギェー・テンジンが1978年に遷化（せんげ）［高僧がこの世を去ること］するまで、この伝授は継続した。

1953年にテンジン・ナムタクは堂々たる成績でメンリ僧院からゲシェー（仏教博士）の学位を授与されると、そのままメンリ僧院の学頭に任命された。1957年には学頭の責務を辞職し、タンラ湖で孤独なお籠り修行に身を投じた。タンラ湖は、経典『シャンシュン・ニェンギュ』の系譜に連なる初期のゾクチェン成就者たちが修行に励んだ聖地だ。その後、テンジン・ナムタクは中国の侵略を知り、1960年に故国チベットからの亡命を試みたが、中国人の女性兵士に銃撃され負傷した。約10カ月間、中国の牢獄に投獄されたあと、やっとのことで脱出に成功して、やがてネパールにたどり着いた。中国共産主義者の侵略から始まった動乱と惨事の結果、テンジン・ナムタクは自分のラマであるサンギェー・テンジンと離れ離れになった。彼は、他の多数のチベット人と同じように自分のラマも落命したものだと思い込んでいた。

1961年にテンジン・ナムタクはチベット学の著名な碩学スネルグローブ教授と親交を結び、教授の要請により英国に招聘され、ロンドン大学の東洋アフリカ研究学院（ＳＯＡＳ）に勤務した。それと同時にケンブリッジ大学で英語を学び、そこでチョギャム・トゥルンパ〔チベット仏教カギュ派の転生者。欧米にチベット仏教を普及させることに貢献したことで有名〕やアコン・トゥルク〔欧米で初めてのチベット仏教僧院を創建したチベット仏教カギュ派の転生者〕と出会った。この期間中にテンジン・ナムタクは英国中を広く旅して回り、ワイト島〔英国南部にある島〕にあるベネディクト僧院〔キリスト教カトリック教会に属す僧院〕ではお籠り修行を実施した。スネルグローブ教授が所有する庭では、人間の身長ほどの高さをしたユンドゥン・コレック・チョルテン（注211）と呼ばれるボン教式仏塔（ストゥーパ）が正しく建設されるように監督及び指揮をした。1964年に自分のラマであるサンギェー・テンジンがインドで無事に生きていることを聞きつけ、テンジン・ナムタクは会いに行った。

この頃からテンジン・ナムタクは、チベットから脱出して困窮に陥っていた亡命ボン教徒に対する援助活動を始めた。そうした人々の多くはそれまで体験したことのないインドの暑い気候の中で道路工事に従事していたために、命を落としたり病に侵されたりしていたのだ。それと並行して、テンジン・ナムタクは、永遠なるボン教の教えを守り保存する事業に着手した。彼はボン教徒たちの移住地を探し出したり、多数のボン教経典を収集したり出版したりすることに責任をもって取り組んだ。苦労の末に、ニューデリーのアメリカ議会図書館を通じて貴重な経典群を出版することに成功した。自分のラマのために快適な住まいを用意した一方で、彼自身は何年もの間ガレージ（車庫）の中の生活に甘んじた。

1967年にテンジン・ナムタクはカトリック救済事業会による寛大な支援のおかげで資金を調達し、最終的になんとかヒマーチャルプラデッシュ州のドランジに土地の一画と、ボン教徒の家族が住む家を手に入れることができた。彼はそれまで経験したことがなかった仕事に取り組むことになった。70世帯ものボン教徒のための住宅を自ら設計することから、建設に必要なレンガの数を計算することまで自分の手で行ったのだ。その移住地にはたくさんのボン教徒が移住してきた。さらに、1970年代にはサンギェー・テンジンとテンジン・ナムタクの監督のもと、ボン教の総本山メンリ僧院が再建された。しかし、弟子たちに教えを伝授するために必要だった経典は相変わらず不足したままだった。当時、この二人の高僧は経典『シャンシュン・ニェンギュ』の伝授に全力を注いでいた。1986年までには教えを伝授するために必要だった経典が十分な部数印刷されたのと同時に、ゲシェー（仏教博士）の学位を取得した最初の卒業生を送り出すことができた。

1978年にはチューギャル・ナムカイ・ノルブ・リンポチェが、欧米人の弟子たちからなる小さなグループと一緒にドランジを訪問し、テンジン・ナムタクから経典『シャンシュン・ニェンギュ』に関する教えの伝授を受けた。そのあとテンジン・ナムタクはイタリアのメリガルをはじめとする欧米のゾクチェン・コミュニティに招かれ、教えを説いた。

1987年にはネパールの首都カトマンズに、ティテン・ノルブッツェ僧院というチベット人亡命社会で二番目のボン教僧院を創建した。この僧院は、第14世ダライ・ラマ法王によって模範的な僧院だと認定されている。学識深いテンジン・ナムタクがいるこのティテン・ノルブッツェ僧院でボン教の教えを授かるために、今もなおボン教の僧侶や尼僧たちが危険を顧みず故郷チベットを旅立ち、険しいヒマラヤを越え、ネパールを目指している。

1991年には永遠なるボン教の代表として初めて、彼は第14世ダライ・ラマ法王からニューヨークで催行されたカーラチャクラ〔仏教で説かれている後期密教の教え〕の灌頂に招かれた。

テンジン・ナムタクが1989年から欧米諸国でゾクチェンの教えを説き始めて以来、今もなお熱心な生徒や弟子たちが増加し続けている。2005年にはフランスにシェンテン・ダルギェリンというボン教センターが創設され、テンジン・ナムタクは毎夏の数カ月をそこで過ごし、欧米人の弟子たちにゾクチェンの教えを説いたり、永遠なるボン教に伝承されている多数の教えを指導したりしていた。現在はすべての仕事をケンポ・テンパ・ユンドゥン・リンポチェをはじめとする優れた高弟たちに任せて、一年中カトマンズのティテン・ノルブッツェ僧院に滞在している。

ヨンジン・テンジン・ナムタク・リンポチェの教え

「とても重要なことは、あなたの日常生活と本然の境地をできるだけ融合することだ。本性を思い出せば、いつでも本性はそこに現れる。本性は決してあなたから離れていかない。毎日、全力を注いで本然の境地に留まることが、私からのアドバイスだ。今生でも来世でも仏性にたどり着くまでずっと、この教えがあなたを支えてくれるだろう」

（203）原語 Khams nyi
（204）原語 Khyung po
（205）原語 sTeng chen dgon pa
（206）原語 g.Yung drung gling dgon pa
（207）原語 sGang ru Rin po che

（２０８）原語 gnam mtsho
（２０９）原語 rigs gnas
（２１０）原語 mchod rten。チョルテンという仏塔を意味するチベット語の言葉は文字通りには、「供養や拝礼を支えるもの」という意味だ。サンスクリット語では仏塔のことをストゥーパといい、ストゥーパの文字通りの意味は「積み重ね」だ。それはブッダの心を象徴するモニュメントで、複雑な外観をしていて、内部には数多くの遺品と神聖な物体を収容している。永遠なるボン教には３６０種類ものチョルテンが伝承されている。そのうちの１２０種類のチョルテンは物質的に建造が可能なもので、別の１２０種類のチョルテンは観想の中で作り出すことができるものだ。また別の１２０種類のチョルテンは実体のない本性を表している。
（２１１）原語 g.yung drung bkod legs mchod rten

おわりに――ヨンジン・テンジン・ナムタク・リンポチェからあなたへのメッセージ

私がフランスのセルジーのこの場所で教えを説いてきた目的は、残りの人生で毎日どのように修行に向きあえばいいかということをあなたに知ってほしかったからだ。それは何も、リトリート（合宿瞑想会）が開催されたここ数日だけに限った話ではない。私が今日まで説いてきたのは以下のことだ。グル・ヨーガのやり方と本然の境地に留まる方法。本然の境地に留まる理由は何か？　それは、本然の境地に安定して留まれば留まるほど、そしてそれに馴染めば馴染むほど、あなたの心の穢れや煩悩を浄化できるということだ。それこそが教えや修行の本当のエッセンスなのだ。

今回の伝授会ではトゥガルの顕現（本書137ページ参照）については詳細に説明しなかった。とにかく両目を開きながら、できる限り安定して本然の境地に留まることだ。そのまま青空を見つめていると、眼球の前で何かが動いているのを目にするはずだ。この揺れ動くものはあなたが作り出したものではなく、あなたが本性を悟っているかいないかに関係なく、もともとあなたの中に備わっているものなのだ。誰にでも備わっているものだが、誰もその正体を知らない。この体験はあなたにトゥガルへ続く扉が開かれたことを意味している。そうした顕現はすでにはじめからあなたに備わっているもので、あなたが修行して本性に馴染んだときに、初めて自発的に姿を現す。あなたが修行に打ち込めば打ち込むほど、こうした顕現はますます輝き出し、さまざまな姿へと変化していく。それはちょうど、牛乳を攪拌（かくはん）すればバターが生まれるのに似ている。顕現を見たいと期待したら顕現は現れてこないし、顕現が現れてきたとしても興奮すると顕現は消えていく。何も期待せず何も拒まなかったら、顕現は自発的に現れてくる。それを体験するのが本当の目的で、それこそが本性なのだ。

ゾクチェンでは観想を駆使する技法を用いない。特に何かを期待するわけでもなく、何か特別なことを実践するわけでもない。なぜならば、森羅万象の本当の姿は本性だからだ。本性を見つけ出し、本性から顕現が現れてくることを体験したら、それは本性に潜在能力（注212）が備わっている証拠だ。そうした顕現は実体のない本性から私たちの人生が顕現している証拠でもある。もしも、こうした顕現のあとを追ったら、顕現は実体化や物質化をしていく。それはちょうど、水が固まって氷に変化するのに似ている。私たちは長い人生の間、この「凝固のプロセスという修行」ばかりをしてきたようなものだ。顕現のおおもとである本性はただ一つだが、それに対する修行方法や取り組み方法は二種類ある。その一つが顕現のあとを追うことで、それは輪廻の発生へとつながっている。もう一つが顕現のあとを追う代わりにそのおおもとを振り返ることで、それは涅槃への解脱とつながっている。ひとたび正しい修行方法を理解して実践してみても、ただ単に座ってくつろいでいるようにしか見えないかもしれない。しかし、そこには大いなる目的が存在することを理解してほしい。私たち人間は自分が何をしているのか理解できるし、将来何が私たちを待ち受けているのかを推測することができる。将来というのは、この先数年のことばかりでなく、来世やそのまた来世のことまで意味している。修行に取り組めば、私たちを取り巻く境遇はより有益で実りあるものに変わるだろう。そのために、私たちは今からトレーニングしているのだ。外界の宇宙（器世間）もそこに住む内界の生きもの（衆生世間）も、人生のすべてが実体（注213）のない本性から立ち現れてきたもので、空身という実体のない顕現以外の何ものでもない。だから、外的な現象に対する執着心の奴隷にならないことだ。瞑想してこの実体のない本性を悟るようになれば、あなたの執着心は少しずつ力を弱めていく。重要なことは自分自身で本然の境地を確認すること。このことは何度もくり返し話してきたことだ。疑問の余地がないようにしておくこと。このことこそ修行を始めるに当たって本当に重要なことなのだ。いくらかでも疑問が残っていたら、瞑想や修行をしていても、それがどれだけ役に立つのか自信が持てなくなってしまう。

意識には主要なものが8種類（注214）存在し、さらにたくさんの細かい意識を加えると51種類にもなるという。その一つ一つの意識が、それぞれ異なる対象を知覚したり、それに執着したりしている。本然の境地はこれらの意識とは異なるものだ。本然の境地を自分自身で体験する必要がある。何か思考を思い浮かべ、その思考を見るとき、あなたはむき出しになった本然の境地に出会うことができる。その思考がどこに存在しているのか調べてみることだ。思考を振り返るや否や、思考は消え去ってしまう。そのあとには何も見つからない。ただ、言葉では言い表せない境地だけが残っている。どのくらい長くこの境地が持続するかは、あなたの修行の上達具合によりけり。この境地は純粋な本性であり、ありきたりな意識とは異なるものだ。あなたはこの境地を悟らなければならない。今説いた思考を見るという方法により、あなたはこの境地がむき出しになった姿を知ることができるだろう。この方法を試したあとでも、まだいずれかの意識で対象を知覚しているならば、あなたはまだ意識を超越した本性を見極めていないことになる。あなたが思考の方を振り返るとき、執着心から離れてどこまでも広々とした境地が現れるだろう。そうしたら、その状態に留まりなさい。あなたにはこの境地を体験してほしい。

この境地に備わっているのが、リクパという明知だ。この明知は意識不明とは真逆のものだ。リクパはあらゆる意識を超越しているし、浄不浄からも離れている。あなたが深い眠りについているときには、このリクパは現れない。思考の方を振り返り、思考が消え去ったら、何も正そうとせずにあるがままの状態を保ち続けることだ。そのとき輝きやリクパがはつらつと働いているから、その境地は深い睡眠とは似ても似つかないものだ。それこそが明知だ。この明知は輝きとも呼ばれ、あらゆる意識とは異なる。それは実体がない空性でありながら、自分自身を照らし出しているからだ。この境地にあなたの全存在を委ねなさい。この境地に委ねることなく、この境地を対象化したりそこに変更を加えたりしようとしたら、決して本然の境地を見極めることはできないだろう。どんな種類の意識でも思考や対象と結びついている。一方で、本性は明知と結びついていて、本性に留まっているとき、そこから明知の輝きが姿を現す。それはちょうど、明かりが灯ったランプならそのランプ自体が輝きを発しているから、他には光源が必要ないのに似ている。その輝きと空性は二元性を越えた不二なのだ。

深い眠りについているとき、あなたの意識はアラヤ識の中に融解していくが、本然の境地に融解しているわけではない。本然の境地の修行をして、その体験を得たとき、思考や意識は自発的に本性の中に自己解脱していく。あらゆる種類の顕現にも同じことがいえる。あなたは本性に留まり、リクパが輝き出している。本然の境地にいる間には明知が輝いているが、深い眠りに陥っている間には明知は働いていないという違いがある。しかし、ゾクチェン修行者でもなければ、本然の境地はただ単に意識不明に陥っているようにしか見えないだろう。

どの生きものも個別の心、または意識を持っている。誰か一人が怒りに染まっても、すべての人が怒りに染まるわけではない。水があるところに湿り気があるように、心があるところには本性がある。不二や非二元性といった用語がゾクチェンの本性の教えで語られるとしても、あらゆる意識が分離不可能で融合しているというわけではない。空性と輝きと自発的顕現といった本然の境地が備えている特性が、分離不可能だという意味なのだ。本性があるところには常に空性と輝きと双入(注215)がある。自分の思考を振り返ったとき、最初の思考は消え去り、次の思考はまだ発生していない。そこには何とも表現しがたい境地が現れている。この境地には空性と輝きと不二の三つがすべて備わっている。空性と輝きは分離することはできない。この境地をあなたにも体験してほしい。

教えを学べば学ぶほど、自分が進歩していることを示す明らかな証拠が得られる。修行をすればするほど、ゾクチェンが説いている真理の本性に馴染めるようになる。本性に馴染めば馴染むほど、あらゆる顕現が幻のように変わっていく。あなたにもっと修行に打ち込んでほしいのは、こうした理由からだ。光が一切差し込まない真っ暗闇の室内で顕現に取り組むトゥガルの修行をすれば、外界からのあらゆる光源が遮断されているのにもかかわらず、光や色や形が見えてくる(注216)。これは遥か昔の作り話や物語ではない。あなた自身で体験できることなのだ。こうした光は本性から立ち現れてきたもので、私たちの人生がまるまる光の幻にすぎないという証拠なのだ。そこで体験したあらゆる光の幻はあなたの中から生まれてきたものので、それは次第に日常生活という顕現と融合していき、最終的には一つになる。日常生活の正体が顕現や幻だと悟った修行者は、岩や山を通り抜けることができるようになる。そうすると今度はそうした体験が、実体のあるものなど何も存在しないことの証拠になる。岩や山を通り抜けることができる修行者は、魔術を披露しているわけではない。ただ、森羅万象の本当の姿を示しているだけだ。こうしたことを言葉で話すことはたやすいが、自分自身で体験することなく心の底から信じることは難しい。これまで私はあなたにその体験を得るための地図について説いてきたのだから、今度はあなたが実際に修行してみる番だ。

現代を生きぬく修行者に贈る言葉

ときどき、私はゾクチェンの教えを求める人々に、洞窟の中で一生を過ごした成就者たちの伝記を読み聞かせることがある。その話を聞いた人々の中には自分の人生を投げうって洞窟に行き、そこで成就者たちのような暮らしを始めようと考える人がいるかもしれない。現代ではそんなことは不可能に近い(注217)。

大昔と現代の違いを理解する必要がある。私たちが生きているこの時代では、どこか遠くに出かけて、人里離れた場所や洞窟などを探そうとは考えないことだ。大昔の成就者たちの歴史や伝記を読むことは素晴らしいことだが、そうした時代はすでに過ぎ去っている。あなたが今、現代社会の中で生きていることを忘れないこと。現代でも大昔のやり方を貫くのは簡単なことではない。大昔のチベットといえども、みんながみんな修行者だったわけではない。教えを学び、教えの知識を深め、そして悟りを得て、さらに修行に邁進した人たちは確かに存在した。そうした修行者たちは残りの人生のすべてを人里離れた場所で過ごした。当時ならば、人里離れた場所や洞窟で真剣に修行に打ち込む修行者の姿を見かけたら、近隣の村人たちは食料を提供するなどの援助を惜しまなかった。修行者というのは質素な暮らしをして、水や薪やツァムパ［チベット人の主食で、大麦の粉を炒ったもの］などの食料といった最低限の必需品だけで生きていることを、村人たちは知っていたのだ。だから、村人たちは喜んで修行者に援助の手を差し伸べた。修行者は贅沢な生活を望んでいたわけではなく、飢え死にしなければ十分満足だった。彼らは持ちうる時間をすべて途切れることなく修行に注ぎ込んだ。そうした修行者たちだって生身の人間だ。しかし、彼らは世俗的な生活などまるで気に留めなかった。快適な生活など期待しなかった。ろくに準備もせずに修行生活に入れたのは、当時ならば誰かが助けてくれることを知っていたからだ。時は経ち、そうした時代は遠くに過ぎ去った。教えが書かれた経典はまだ存在しているし、瞑想のやり方も以前とまったく同じだ。どれも私がこれまで説いた通りだ。しかし、準備することなく大昔の成就者たちの生きざまを今日そのまま実行に移そうとするならば、あなたは飢え死にしてしまうかもしれない。教えをそのまま修行することにしても、成就者たちの生きざまを真似しないこと。あなたが彼らの生きざまをそっくりそのまま真似しても、飢え死にするか凍え死にするだけだろう！

現代を生きる修行者ならば、何かと準備は念入りにしたいものだ。私はいつも人生について二つの取り組みをするように説いている。第一の取り組みとは、生計を立てること。今の生活でどんな仕事に従事していたとしても、生計を立てるためにその仕事を継続した方がいい。あまり高望みしないことと、名声を追いかけないこと。そんなことをしても何の役にも立たないからだ。だからといって、食べていくためには何らかの仕事に就かなければならない。仕事に就かないなら、チベット語でンゲェジュン（注218）と呼ぶ放棄の人生を選ぶことになる。いろいろな教えをコレクションして、いろいろな成就者の教えに耳を傾けていると、ある日突然「これまでの人生なんて役立たずだ！」と思うこともあるだろう。一切合切の何もかも放り出して、しばらくの間修行に専念したい気持ちが生まれるだろう。しかし、あなたの持ち物や財産や住まいはそういつまでも続くわけではない。しばらくの間は何もかも捨てて修行だけの生活を送れたとしても、そのあとで仕事に復帰したり、元どおりの人間関係を取り戻そうとするとなると、それは本当に難しいことだ。極端に生活を変えず、高望みせず、贅沢せず、ただこれまでどおり仕事を継続しながら、質素な生活を送るといいだろう。

第二の取り組みとは、ゾクチェンの瞑想修行に打ち込むこと。死後のことを考えて、準備を進めることだ。死は誰にでも必ず訪れる。これは疑いようがない事実だ。自分自身で死を迎える準備をしておくこと。それはあなた以外の誰にもできないことだということは、すぐにわかるだろう。あなたが死を迎えたとしよう。すぐさま住まいや寝床はきれいに清掃され、翌朝には早々と誰か他の人が移り住む。あなたが生きていた証拠は跡形もなく消され、すぐに誰もあなたのことなど覚えていなくなる。そうなったら誰もあなたのことを助けてくれない。せいぜいお悔やみの言葉を述べて、あなたの亡骸を丁重に棺の中に収めることくらいだ。そんなことがいったい何の役に立つというのだろうか。よく考えてごらん。棺の中にはただ抜け殻の骸骨が横たわっているだけ。棺が快適かどうかなんてどうでもいいことだ。あなたの意識はずいぶん前に肉体を離れ、今どこをさまよっているのか誰にも定かではない。天界か阿修羅界か人間界といった善趣（ぜんしゅ）［輪廻の中でも比較的恵まれた世界］をさまよっているのか、それとも地獄界や餓鬼界や動物界といった悪趣（あくしゅ）［輪廻の中でも深い苦しみにまみれた世界］をさまよっているのか。そんなことをいったい誰が知り得るのだろうか。あなたの意識が肉体から分離したとき、それはいったいどんな状態なのか想像してごらんなさい。死後のことを幻想だとか妄想だとか思わないこと。死んだあとの状態といっても、生きている間の境遇とそれほど変わらないはずだ。夢を見ているときがその証拠だ。夢が死後の状態について考えるヒントになる。夢は生と死を理解する重要な手掛かりだ。夢を手掛かりにして、あなたが肉体を離れたときに何が起こるか考えてみるといいだろう（注２１９）。

人生の最後に待ち受けている死がついに訪れたときにあたふたとしないように、これまで私が説いてきた教えを文字に記した本書を擦り切れるほど繰り返し繰り返しあなたが読んでくれることを、私は望んでいるのだよ。本書をじっくり読むことから、死にゆく準備を始めてみるといいだろう。まずは今すぐそうしてごらん（注220）。

（212）原語 thugs rje
（213）原語 bdag
（214）原語 rnam shes brgyad
（215）ここでヨンジン・リンポチェは、不二（原語 gnyis med）や非二元という意味で「双入」という言葉を用いている。
（216）これは暗闇の修行（原語 mun mtshams）のことを意味している。
（217）既出の *Namkha Truldzö*, p. 101（第二版 p. 143）からの引用。
（218）原語 nges 'byung とは放棄のこと。
（219）夢を見ているとき、夢の中でのどんな体験も本物で、まるで目覚めているときのように手で触れることができるように思える。死後から来世で生まれ変わる間のバルド（中陰：原語 bar do）の中で意識が目覚めたときも、まったく同じように感じる。
（220）Nyachen Lishu Tagring. *Yangtse Longchen*, Teachings by Yongdzin Lopön Tenzin Namdak Rinpoche, trnscr. & ed. Carol Ermakova and Dmi.try Ermakov, Shenten Dargye Ling, France, 27 July -15 August 2008, pp. 236-237 からの引用。

訳者あとがき

虹の身体になった成就者たちは、単なる伝説上の人物ではなかった。私たちと同じようにこの世界に生まれ、呼吸し、躍動し、きっと恋をし、かつて本当に生きていた。本書『虹の身体の成就者たち』では、ゾクチェン経典『シャンシュン・ニェンギュ』で説かれている修行を極限まで磨き上げた成就者たちの生前の姿が生き生きと書き綴られている。成就者という言葉から、煩悩とは無縁の高僧や、高い学識や能力を持ったまま生まれ変わったとされる転生者（活仏）を思い浮かべるかもしれない。しかし、彼らは必ずしも出家者でなく、放牧を生業にしていた人もいたし、継母を呪い殺そうとした人もいた。若者もいれば、老人もいた。完全な悟りを得るまでは、私たちとそっくり同じ苦しみや悲しみに満ちた生活を送っていた。あなたも彼らのように経典『シャンシュン・ニェンギュ』の教えに取り組めば、高僧や転生者でなくても、ゾクチェンの瞑想修行を始めることができるし、今生で虹の身体の悟りに手が届く。あらゆる苦しみや悲しみから解放されるのだ。こんな風に本書は辛く苦しい人生を送る私たちに勇気を与えてくれる。

ゾクチェンにはボン教のものとチベット仏教のものがある。教えそのものはほとんど同じだとされているが、系譜と歴史は大きく異なる。ゾクチェンには謎が多い。いったいどこで生まれたのだろうか？どうしてチベットにしか存在しないのだろうか？どのような経緯からボン教と仏教に伝承されているのだろうか？

チベット仏教のゾクチェンは、大部分が埋蔵経典に由来している。埋蔵経典とは、夢の中や何もない空間から取り出された教えだ。神秘的で興味深い話だが、どこか出処にあいまいさが残る。ボン教には埋蔵経典ではないゾクチェンの教えが伝承されている。それが経典『シャンシュン・ニェンギュ』の教えだ。経典『シャンシュン・ニェンギュ』はクンツ・サンポからタピリツァを経由して、私たちの根本のラマであるヨンジン・リンポチェまで、隠されたこともないし、系譜が途切れたこともない。つまり、ブッダと成就者たちの涙と笑顔と悟りと温もりをそのまま宿しながら、あなたのもとに届けられているゾクチェンの教えなのだ。現存する最古のゾクチェンの教えだともいわれる経典『シャンシュン・ニェンギュ』の歴史と系譜を知ることは、ゾクチェンの誕生と秘密を解明する鍵なのだ。

本書は『Masters of the Zhang Zhung Nyengyud』つまり『シャンシュン・ニェンギュの成就者たち』の邦訳だ。原題に含まれるMastersという言葉には二種類の意味がある。教えや瞑想に熟達した成就者という意味と、弟子に教えを授けるラマ（師範）という意味だ。翻訳する上では適宜使い分けているが、本来は一つの言葉で語られている。

本書の中核となるのは、チベット人の高僧であるヨンジン・リンポチェが1999年にフランスのパリ近郊で開催された法話会で説かれたゾクチェンに関する法話だ。ご高齢のヨンジン・リンポチェが英語を使って口頭で説かれたこの内容には、英文法上の誤りや、同じ内容のくり返しなどがあった。それをキャロルとディマ（ディミトリーの愛称）夫妻が、一般の読者が読みやすいように、訂正や編集をしてくれた。

ディマが執筆してくれた「序説」（本書17～61ページ）の内容もとても興味深く素晴らしい。この「序説」を読めば、今までボン教のゾクチェンの教えに触れたことのないあなたでも、ヨンジン・リンポチェの言葉が心に優しく染みわたるだろう。

本書のテーマである世界最古のゾクチェンの系譜を、現在継承しているヨンジン・リンポチェの半生について、さまざまな資料に当たりながら執筆してくれたのもキャロルとディマ夫妻である。さらに二人は、チベット人の出家僧でもない私たちが21世紀にどのようにゾクチェン瞑想に向き合うべきかという問題に対するヒントを、過去のリンポチェの法話録から親切に見つけ出してくれて「おわりに」（本書213〜221ページ）という項目で引用してくれた。

本書の由来や魅力については、このように原書を編集してくれたキャロルとディマ夫妻が本書の中で詳細かつ十分に語ってくれているので、あえて私がここで繰り返す必要はないだろう。ここではキャロルとディマ夫妻についてあなたに紹介したい。

二人のことを本書で初めて知ったあなたは、二人はただヨンジン・リンポチェが説いた言葉を口述筆記したり、編集したりしただけの人物だと思うかもしれない。ヨンジン・リンポチェにはたくさんの欧米人の弟子たちが存在する。その中でも二人は、ゾクチェンをはじめとするボン教の教えに最も真剣に取り組んでいる修行者なのだ。二人のプロフィールと、とても興味深い修行体験の一部をここで紹介することにしよう。ゾクチェン修行者というのは慎み深いものだから、自分自身の身の上話をしたり、ましてや瞑想体験を公にさらしたりすることはない。私からのたっての要望に応えて、日本語版の読者のためにだけこっそり教えてくれたのだ。

特に、二人の修行体験を興味本位で読まないでほしい。私があえて二人のプロフィールと瞑想体験を訳者あとがきとして記すのには理由がある。二人のことをよく知れば、ゾクチェンの教えと瞑想から得た帰依と慈悲の気持ちが人生をどのように変えてくれるのかが、いくらかあなたにも伝わると思ったからだ。同じ時代を生きる仲間の体験談も、昔の成就者の伝記のように、これからあなたがゾクチェン瞑想に向きあう勇気を与えてくれると信じている。

キャロル・エルマコヴァは英国出身の女性。父親の転勤先であったマレーシアで生まれる。転勤中に家族と旅行したタイ王国、インドネシア、インドなどで多数の仏像に接する。彼女の一家はみな敬虔なキリスト教徒だが、彼女はキリスト像よりもより多くの仏像に接するカルマを持っていたのかもしれない。セント・アンドリュー大学で現代ドイツ語学と現代ロシア語学を研究し、首席で卒業。1991年に留学先のサンクトペテルブルク（ロシア）でのちに夫となるディマと運命的な出会いをし、1993年に現地で結婚。長年に渡りイタリアやロシアで英語の教師をするかたわら、ユネスコの中央アジアに関するプロジェクトに加わる。

大学生だったときに友人に連れられて、スコットランドにあったチベット仏教カルマ・カギュ派のセンターを訪れたことがきっかけとなり、チベット仏教に興味を持つ。そこで行われていた儀礼のエネルギーに強く魂が揺さぶられたのだ。1994年にはわざわざモンゴルに出かけ、チューギャル・ナムカイ・ノルブ・リンポチェから教えを授かった。そこではノルブ師のために通訳を務めた。そのとき初めて仏教の教えに接し、灌頂を授かった。

翌年、アムステルダムでヨンジン・リンポチェに出会い、経典『シャンシュン・ニェンギュ』の教えの伝授を受ける。それ以降ヨンジン・リンポチェが訪欧するたびに教えを授かったばかりでなく、ネパールのティテン・ノルブッツェ僧院にも足を運んだ。1996年にカトマンズを初めて訪れたときに、ヨンジン・リンポチェの要請により法話の口述筆記や翻訳を手掛けることになった。

2005年に国際ボン教センターであるシェンテン・ダルギェリンがフランスに設立されると、夫のディマと共に住み込みで施設の運営と管理を担った。その期間中に、ヨンジン・リンポチェから法話を口述筆記したり翻訳したりするときの要点の指導を受けた。これまでに50冊以上に及ぶヨンジン・リンポチェの法話録を作り、それらは欧米のボン教のセンターやインターネット書店から入手することができる。現在は英国グレートブリテン島の中央部に位置する北ペナイン山脈に住み、フリーランスの翻訳者として働きながら、瞑想修行に励んでいる。

2010年の定期健康診断で、彼女の肝臓が極めて深刻な損傷を負っていることがわかった。肝臓専門の医師は特別な薬事療法を勧めたが、それは強い副作用を伴うものだったので、彼女はすぐには受け入れることができなかった。薬事療法を三カ月間延期してもらっている間に、キャロルはボン教に伝承されているツェワン・リクジンの長寿の成就法を一日も欠かさず続けた上に、三週間トゥンモの集中的な修行に没頭した。トゥンモは激しい呼吸法を伴う瞑想で、チベット式クンダリーニ瞑想とも呼ばれている。再び肝臓の検査をすると損傷部分は跡形もなく消え去り、血液検査でも激的にウィルスが減少していることが認められ、担当の医師は驚きを隠せなかった。

ディミトリー・エルマコフは1967年にロシアで生まれた男性。五歳から十九歳まで、かつてのソ連で音楽の選抜教育を受ける。選抜教育とは、特別な才能が認められる子供たちだけに許されたある種の天才教育である。

叔父の影響で幼少期から考古学の発掘調査に興味があり、1987年にはロシア中部に位置するハカシア共和国内で行われたスキタイの墳墓の発掘調査に参加した。スキタイとは、紀元前六世紀頃に南ロシアに存在した遊牧騎馬民族のことだ。

ディミトリー・エルマコフが最初に仏教に出会ったのは1989年のことだった。サンクトペテルブルク（当時のレニングラード）で音楽バンドを組んでいた彼は、空手を学んでいた知人から禅の話をたびたび聞かされていた。特に、一休宗純の生きざまと彼が詠んだ歌、そして道元禅師に強く惹かれた。

ソ連時代の当時は、仏教の教えや書籍は厳しく禁止されていたが、ゴルバチョフが改革（ペレストロイカ）を進めたことにより、宗教が解禁になった。サンクトペテルブルクに「仏教の家（Buddhist House）」が有志によって創設され、そこに上座部仏教や日本仏教の禅やチベット仏教の師範たちが招かれ、一般向けに法話会や灌頂会が開催された。

日本の禅師からは大乗仏教の経典である金剛経、チベット仏教の高僧からは緑ターラの教えを授かった。緑ターラというのは、チベットでとても人気のある女性の菩薩だ。ディミトリーは23歳のときブリヤート共和国を初めて訪れ、ボー・ムーゲルの教えに接触し、これ以降幾度となくブリヤート共和国とバイカル湖を訪れることになった。ボー・ムーゲルの教えと、チベット仏教及び永遠なるボン教との関係について調査を始めたのもこの頃だ。

1991年にディミトリーはモスクワで初めてゾクチェンに出会った。チベット仏教ニンマ派のラマからゾクチェンの埋蔵経典ロンチェン・ニンティクの教えを授かったのだ。その数カ月後にはチューギャル・ナムカイ・ノルブ・リンポチェに出会い、サンクトペテルブルクでチューギャル・ナムカイ・ノルブ・リンポチェが主催するゾクチェン・コミュニティの初代ガーキル（世話人）を務めた。

1995年にはヨンジン・リンポチェにアムステルダムで出会い、経典『シャンシュン・ニェンギュ』の教えを伝授される。それ以来、ヨンジン・リンポチェをはじめとする多数のボン教のラマたちから教えや灌頂を授かる。翌年にはカトマンズのティテン・ノルブッツェ僧院に妻のキャロルと共に数カ月間滞在し、ヨンジン・リンポチェと共に経典の翻訳を開始した。2006年にディマとキャロルはフランスに創設されたばかりのボン教センターであるシェンテン・ダルギェリンの管理者を務めるように要請された。そこでは法話の口述筆記、法話の編集、翻訳、出版などに貢献した。

2008年に画期的な研究論文『ボーとボン：シベリア及びチベットの古代シャーマニズムと中央アジアのブッダの教え』を出版。この論文ではモンゴルとブリヤートに伝承されているボー・ムーゲルの教えと、四種類のボン教について比較研究している。この本の出版を機に、オックスフォード大学でチベット語の研究を始め、同時にオックスフォード大学やロンドン大学をはじめとするヨーロッパ中の大学から講演を依頼されるようになった。

ディミトリー・エルマコフがシェンテン・ダルギェリンで暗闇の修行をしていたときのことだ。彼のために妻のキャロルが三度の食事を運んでくれた。せっかくの食事が冷めないようにと、彼女はスーパーマーケットで保温機能付きのお弁当箱を購入した。いつもその中に食事を詰めて、それを室外の光が室内に入り込まないように工夫された小さな入口から室内に差し入れた。

暗闇の修行が明けてディマが室外に出てきたとき、キャロルはディマに「お弁当箱は何色だったかわかる？」と尋ねた。ディマはためらうことなく即座に「ピンク色だろ」と答えた。実際それはピンク色だった。長年ゾクチェン瞑想を続けている人ならば、暗闇の修行をしているときに、室内と室外のようすが見えることがある。だから、彼は光が一切差し込まない真っ暗闇の中にいながらお弁当箱の色を言い当てることができたのだ。彼は毎日ゾクチェンや密教の教えと関係したエネルギーワークであるトゥンコルとゾクチェン瞑想を組み合わせた日課をこなし、そこから素晴らしい瞑想体験を獲得している。

二人と私は不思議な縁で結ばれている。二人は1996年にカトマンズのボン教僧院を初めて訪問した。私たちが初めて出会ったのはそのときだ。当時はまだボン教に関する情報は英語ですらほとんど入手できなかったのだが、私たち三人ははじめからボン教のゾクチェンに心の底から魅了されていた。たびたび私は二人が滞在していたネパール人の民家を訪れ、ときにはその屋上でネパールのチヤ（ミルクティー）を飲みながら、ダルマについて語り合ったり、ディマが作曲した音楽に耳を傾けたりした。とても懐かしい思い出だ。今でも当時のことをありありと思い出すことができる。

キャロルとディマ夫妻は、あなたや私の人生に幸福と新しい洞察をもたらしてくれるボン教の教えを保存し世界に広めるために、2012年に「永遠なるボン教保存基金（Foundation for the Preservation of Yungdrung Bön）」を設立した。基金といっても後ろ盾になる強力なスポンサーがいるわけではなく、自分たちの所持金と二人の活動から得られる売り上げでほそぼそと運営されているのが実情だ。

これまでボン教のラマたちが口頭で説いた法話を口述筆記してまとめたものや、ボン教の経典を翻訳したものを本にして出版したりしている。その実績は100冊以上に及ぶ。ほとんど誰からも評価されることなく、プライベートの時間と少なからぬ金銭をこの活動に捧げている。

本書や『光明の入口』（電子書籍、２０１６）をあなたが手軽に読むことができるのは、そうした本の編集に二人が膨大な時間と労力を注いでくれたからだということを忘れないでほしい。人生を生き抜く勇気を与えてくれるボン教の教えを一人でも多くの人々に届けたいという純粋な慈悲と帰依の気持ちが、二人を動かしている。二人の慈悲や帰依の気持ちは、長年に渡る瞑想修行により育まれた濁りのないものだ。

ゾクチェンの教えが私たちの心の中に注ぎ込まれるのは、四宝の力によるところが大きい。四宝とは、ラマ（師範）、ブッダ（仏）、ダルマ（仏法）、サンガ（僧伽）のことだ。

チベット文化の物珍しさも手伝って、あなたはついつい目の前で教えを説くチベット人の高僧の姿ばかりに気を取られてしまうことだろう。教えの伝授の場を支えている人たちがいることに気がついてほしい。それは、チベット語や英語で教えを説くラマの言葉を即座に日本語に変えてくれる通訳者、読み解くために専門的な知識が必要なチベット語経典や英語の書籍をわかりやすい日本語に翻訳してくれる翻訳者、法話会を実現するための資金繰りや来日中のラマのお世話に奔走する運営者や世話人、来日するラマの身元引受人になってくれたり法話会を経済的に支えてくれたりするスポンサーなど。あなたがゾクチェンの教えに出会うきっかけとなった本書を作りあげてくれた、キャロルとディマ夫妻のような人たちの存在も忘れてはいけない。こうした修行仲間のことをサンガといい、サンガはあなたの心の成長を助けてくれる。サンガが、宝のような存在である四宝の中に数え上げられているのは、そうした理由があるからだ。サンガから恩恵を受けながら、さっそく今日からあなたもサンガに加わり、少しずつサンガの活動に力を添えていこう。

キャロルとディマ夫妻が「永遠なるボン教保存基金」を設立した目的は、ヨンジン・リンポチェをはじめとするボン教のラマたちが法話会で説いた言葉をそのまま保存するためだ。原書『Masters of the Zhang Zhung Nyengyud』も同じ精神のもとに編集されている。高齢のチベット人のラマが英語で説いた法話がもとになっているから、いくぶん文脈が整っていないところや、初心者が理解しにくい表現があちらこちらに見受けられる。しかし、あえて手を加えずそのまま保存されている。原書にはそれだけヨンジン・リンポチェの精神が色濃く残されているということだが、日本語版では読者に寄り添うことを優先した。あなたの心に教えがなめらかに流れ込むように、文章の組み換えや大胆な翻訳を試みた他に、滞りなく本書を読み進めることができるように多数の訳注をつけた。ヨンジン・リンポチェの教えがあなたの心をやさしく揉みほぐしてくれるだろう。

かつてヨンジン・リンポチェは求める声に応えて欧米に出かけ、ゾクチェンをはじめとするボン教の教えを人々に説かれていた。現在は高齢のために一年中カトマンズのティテン・ノルブッツェ僧院に留まり、直接彼から教えを授かることは難しくなった。本書を通して貴いゾクチェンの教えにようやく巡り会えたのに、あなたはヨンジン・リンポチェから直接教えを授かることができない。気落ちしてしまうことだろう。しかし、ガッカリして肩を落とさなくてもいい。ヨンジン・リンポチェが生涯をかけてたくさんの高弟たちを育て上げてくれたからだ。ケンポ・テンパ・ユンドゥン・リンポチェをはじめとする新世代のラマたちから、ヨンジン・リンポチェが説いたものと寸分も異ならない教えをそっくりそのままあなたは伝授してもらうことが可能なのだ。私が日本で運営している「箱寺先生のちいさな瞑想教室」もヨンジン・リンポチェの精神に支えられている。

ボン教に伝承されているゾクチェン経典『シャンシュン・ニェンギュ』と『体験の伝授』の教えは、古(いにしえ)

の成就者たちの時代のまま姿を変えずに今日でも生き続けている。その扉は21世紀の日本に住んでいるあなたにも開かれている。しかし、この世は無常だ。いつどんな理由でこの扉が閉ざされてしまうのか誰にもわからない。本書を閉じたら、あなたもさっそく今日から虹の身体へ続く道への第一歩を踏み出してみよう。

本書の中で、シャンシュン・ガラップとガラップ・ドルジェが同一人物だというチューギャル・ナムカイ・ノルブ・リンポチェの見解が引用されている（本書43ページ）。師の高弟である永澤哲(てつ)氏によれば、師はさまざまな法話会のときや、2000年8月の富山・利賀村(とがむら)で開催されたリトリートの際に参列した食事中に、ガラップ・ドルジェとシャンシュン・ガラップが同一人物だという仮説を放棄する発言をされたという。その点に関しては今後、公式な文章や記録で確認する裏付け作業が必要になるだろう。

また、たびたび本書に引用されている『The Little Luminous Boy』と『Bonpo Dzogchen Teachings』の日本語版がナチュラルスピリット社から近刊予定である。ぜひ、本書と合わせて読んでいただきたい。

本書の出版を快諾してくださったナチュラルスピリット社の今井社長と、編集に尽力してくださった高橋聖貴氏と、レイアウト・DTPをしてくださった細谷毅氏にお礼を申し上げる。

2021年4月26日

箱寺孝彦

本書の著者ヨンジン・テンジン・ナムタク・リンポチェを囲んで。
左右が編者のキャロル・エルマコヴァとディミトリー・エルマコフ

◉ 著者略歴

ヨンジン・テンジン・ナムタク・リンポチェ

1926年東チベットのカム地方で誕生。自分自身のラマ（チベット語で師範の意味）と４年間、人里離れた洞窟で暮らしながら教えを学んだあと、中央チベットのツァン地方にあるボン教の総本山メンリ僧院でゲシェー（仏教博士）の学位を授与され、そのままメンリ僧院の学頭ラマになった。彼は永遠なるボン教のラマであり、またその最も重要な系譜の伝承者でもある。亡命中のインドのドランジにボン教の総本山メンリ僧院を、ネパールのカトマンズにティテン・ノルブッツェ僧院を再建し、フランスのブルーに教えの伝授と修行ができる国際的なボン教センターであるシェンテン・ダルギェリンを設立した。1989年以来ヨーロッパとアメリカ合衆国でゾクチェンの教えを説き続けている。

連絡先
ティテン・ノルブッツェ僧院（Triten Norbutse Monastery）
Email: triten.institution@gmail.com
シェンテン・ダルギェリン（European branch: Shenten Dargye Ling）
Email: contact@shenten.org
関連情報
シェンテン・ダルギェリン（shenten.org）

◉ 口述筆記・編者略歴

ディミトリー・エルマコフ

作家、音楽家。

キャロル・エルマコヴァ

翻訳家、英語教師。

ディミトリー・エルマコフとキャロル・エルマコヴァは、1995年以来のヨンジン・テンジン・ナムタク・リンポチェの弟子であり、英語で説かれたリンポチェの法話を書籍化したり保存したりするためのプロジェクトを遂行している。現在までに百冊以上の書籍としてまとめられており、その中には一般の読者向けのものもあれば、ボン教のグループの中で愛読されているものもある。ボン教の四大主要ゾクチェン経典に関するものもある。2012年にヨンジン・リンポチェの祝福のもと、永遠なるボン教保存基金を設立した。二人とも英国の北ペニンシュラ在住。

連絡先
fpyb@yungdrungbon.co.uk
関連情報
Foundation for the Preservation of Yungdrung Bön（www.yungdrungbon.co.uk）

◉ 訳者略歴

箱寺孝彦（はこでら・たかひこ）

1969年生まれ。1995年からネパールのボン教僧院でヨンジン・テンジン・ナムタク・リンポチェの指導のもとゾクチェンの瞑想修行を始める。2009年からチベット語経典を日本語に翻訳するプロジェクトを進めると同時に、日本でゾクチェンを含むボン教の瞑想指導を始める。

著書：『ゾクチェン瞑想修行記』（2015、電子書籍）、『ゾクチェン瞑想マニュアル』（2019、ナチュラルスピリット）

訳書：『光明の入口』（2016、電子書籍）

連絡先

bondharma@gmail.com

関連情報

箱寺先生のちいさな瞑想教室 （https://bonjapan.jimdofree.com/）

ゾクチェンYouTube（https://www.youtube.com/c/ゾクチェン）

虹の身体の成就者たち

ボン教のゾクチェン「体験の伝授」の系譜と教え

●

2021年6月15日　初版発行

著者
ヨンジン・テンジン・ナムタク・リンポチェ

口述筆記・編集
キャロル・エルマコヴァ
ディミトリー・エルマコフ

訳者
箱寺孝彦

装幀／中村吉則　編集／高橋聖貴　DTP／細谷 毅

発行者／今井博揮
発行所／株式会社 ナチュラルスピリット
〒101-0051 東京都千代田区神田神保町3-2 高橋ビル2階
TEL 03-6450-5938　FAX 03-6450-5978
info@naturalspirit.co.jp　https://www.naturalspirit.co.jp/

印刷所／シナノ印刷株式会社

 ISBN978-4-86451-366-1 C0010

ゾクチェン瞑想マニュアル

ボン教 最高の瞑想法

箱寺孝彦【著】

四六判並製／定価 本体 2100 円+税

空を認識し、虹の身体（レインボーボディ）になる！

チベットのボン教には、数えきれないほどの教えと瞑想が伝承されています。そのなかでもゾクチェンはチベット最高峰の瞑想です。この瞑想を続けていけば、あなたの想像を超えた体験や智慧があらわれてきます。
瞑想方法はいたってシンプル。たくさんの経典を読みこなしたり、暗記したりする必要はありません。我慢に我慢を重ねて、心身に負担のかかる苦行をする必要もありません。複雑な儀式に長い時間を費やす必要もありません。ただ、あなたの本来の心の姿に戻るだけでいいのです。

お近くの書店、インターネット書店、および小社でお求めになれます。